The LITTLE BLACK BOOK *of* ROCK CLASSICS

ISBN: 978-1-78305-601-9

Visit Hal Leonard Online at
www.halleonard.com

World headquarters,contact:
Hal Leonard
7777 West Bluemound Road
Milwaukee, WI 53213
Email: info@halleonard.com

In Europe, contact:
Hal Leonard Europe Limited
1 Red Place
London, W1K 6PL
Email: info@halleonardeurope.com

In Australia, contact:
Hal Leonard Australia Pty. Ltd.
4 Lentara Court
Cheltenham, Victoria, 3192 Australia
Email: info@halleonard.com.au

Relative Tuning

The guitar can be tuned with the aid of pitch pipes or dedicated electronic guitar tuners which are available through your local music dealer. If you do not have a tuning device, you can use relative tuning. Estimate the pitch of the 6th string as near as possible to E or at least a comfortable pitch (not too high, as you might break other strings in tuning up). Then, while checking the various positions on the diagram, place a finger from your left hand on the:

5th fret of the E or 6th string and **tune the open A** (or 5th string) to the note (A)

5th fret of the A or 5th string and **tune the open D** (or 4th string) to the note (D)

5th fret of the D or 4th string and **tune the open G** (or 3rd string) to the note (G)

4th fret of the G or 3rd string and **tune the open B** (or 2nd string) to the note (B)

5th fret of the B or 2nd string and **tune the open E** (or 1st string) to the note (E)

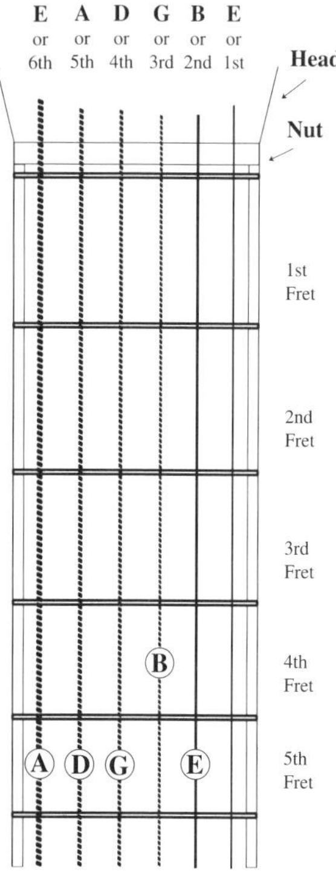

Reading Chord Boxes

Chord boxes are diagrams of the guitar neck viewed head upwards, face on as illustrated. The top horizontal line is the nut, unless a higher fret number is indicated, the others are the frets.

The vertical lines are the strings, starting from E (or 6th) on the left to E (or 1st) on the right.

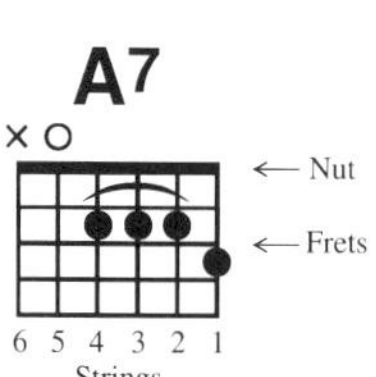

The black dots indicate where to place your fingers.

Strings marked with an O are played open, not fretted. Strings marked with an X should not be played.

The curved bracket indicates a 'barre' - hold down the strings under the bracket with your first finger, using your other fingers to fret the remaining notes.

N.C. = No Chord.

Bargain

Words & Music by Pete Townshend

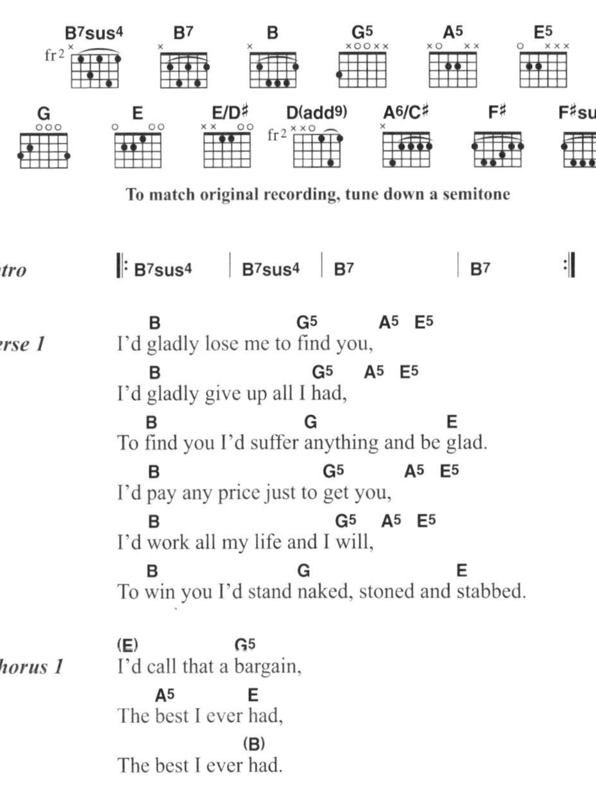

To match original recording, tune down a semitone

Intro |: B7sus4 | B7sus4 | B7 | B7 :|

Verse 1

B   G5   A5 E5
I'd gladly lose me to find you,
B   G5   A5 E5
I'd gladly give up all I had,
B   G   E
To find you I'd suffer anything and be glad.
B   G5   A5 E5
I'd pay any price just to get you,
B   G5   A5 E5
I'd work all my life and I will,
B   G   E
To win you I'd stand naked, stoned and stabbed.

Chorus 1

(E)   G5
I'd call that a bargain,
A5   E
The best I ever had,
                 (B)
The best I ever had.

Link 1 | B | G5 A5 E | B | G5 A5 E ||

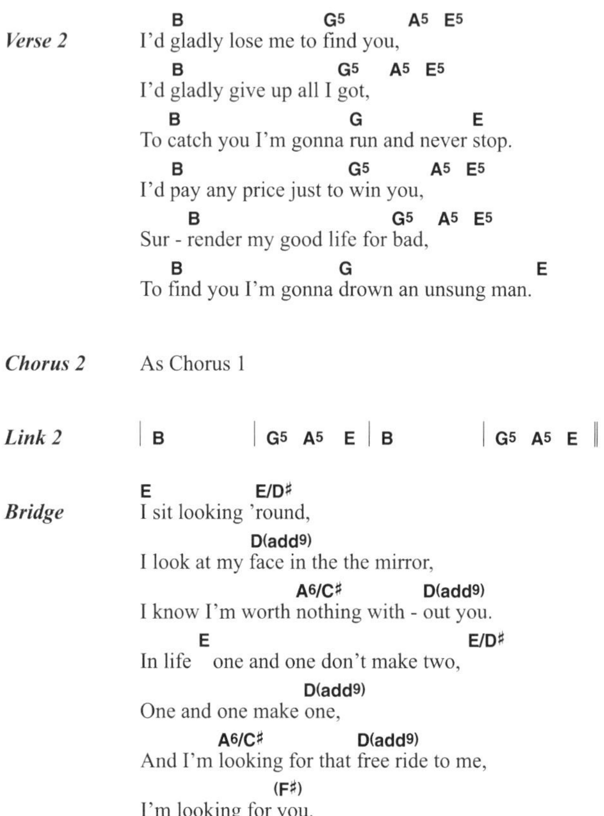

Verse 2

```
   B                    G5         A5  E5
I'd gladly lose me to find you,
   B                      G5    A5  E5
I'd gladly give up all I got,
   B                      G              E
To catch you I'm gonna run and never stop.
   B                    G5         A5  E5
I'd pay any price just to win you,
     B                        G5    A5  E5
Sur - render my good life for bad,
   B                    G                     E
To find you I'm gonna drown an unsung man.
```

Chorus 2

As Chorus 1

Link 2

```
| B          | G5  A5  E | B          | G5  A5  E ||
```

Bridge

```
E             E/D♯
I sit looking 'round,
              D(add9)
I look at my face in the the mirror,
                    A6/C♯          D(add9)
I know I'm worth nothing with - out you.
       E                            E/D♯
In life   one and one don't make two,
                      D(add9)
One and one make one,
          A6/C♯          D(add9)
And I'm looking for that free ride to me,
                 (F♯)
I'm looking for you.
```

Instrumental	F♯	F♯	F♯sus4	F♯sus4 ‖
	‖: B7sus4	B7sus4	B7	B7 :‖ *Play 5 times*

Verse 3 As Verse 2

Chorus 3

```
(E)             G5
I'd call that a bargain,
    A5         E
The best I ever had,
               (B)
The best I ever had.
```

Link 3	‖: B	G5 A5 E	B	G5 A5 E :‖
Outro	‖: B7sus4	B7sus4	B7	B7 :‖ *Play 10 times*
	‖: B7sus4	B7sus4	B7	B7 :‖ *Play 3 times*

3's & 7's

Words & Music by Josh Homme, Joey Castillo & Troy Van Leeuwen

⑥ = C ③ = E♭
⑤ = F ② = G
④ = B♭ ① = C

Intro ‖: D5 F5 D5 | C5 B5 A5 :‖ *Play 4 times*

Verse 1

D5 F5 D5 C5 B5 A5 D5 F5 D5 C5 B5 A5
Lie,__ lie to my face.__

D5 F5 D5 C5
Tell me it ain't no - thing,__

B5 A5 D5 F5 D5 C5 B5 A5
That's what I wanna hear.__

D5 F5 D5 C5 B5 A5 D5 F5 D5 C5 B5 A5
Take__ love to grave.__

D5 F5 D5 C5
That's what an old friend told__ me,

B5 A5 D5 F5 D5
Look what it did for him.__

C5 B5 A5 D5 F5 D5
Woah,__woah.__

C5 B5 A5 D5 F5 D5 C5 B5 A5
Woah,__woah.__

Bridge 1

A♭5 B♭5 C5 A♭5
The truth hurts so bad wouldn't you say,

B♭5 C5
So why tell it?

A♭5 B♭5 C5 A♭5 B♭5 C5 C♯5
If ignor - ance is bliss, then I'm in hea - ven now.

Guitar solo ‖: D5 F5 D5 | C5 B5 A5 :‖

Verse 2

D5 F5 D5 C5 B5 A5 D5 F5 D5 C5 B5 A5
Run,__ you'll never escape.__

D5 F5 D5 C5
You see you'll go no - where,

B5 A5 D5 F5 D5 C5 B5 A5
So new you appear.__

D5 F5 D5 C5 B5 A5 D5 F5 D5 C5 B5 A5
Broke,__ laid to waste.__

D5 F5 D5 C5
Turn into sweet no - things,__

B5 A5 D5 F5 D5
Kiss you goodbye.__

𝄆 C5 B5 A5 D5 F5 D5 𝄇 *Play 3 times*
Woah,__woah.__

C5 B5 A5 D5 F5 D5 C5 B5 A5
Woah,__woah.__

Bridge 2

As Bridge 1

Middle

A5 C5 B5 D5 C♯5
Keep go - ing o - ver and o - ver again,__

E5 F5 D5 A5
The never ending pla - ces I've never been.__

C5 B5 D5 C♯5
No - one's__ catching on__ call - ing my bluff.__

E5 F5 D5 A5
The Devil made me ho - lier than I've ev - er been.__

C5 B5 D5 A5
What'd you do?__ Say__ it with_ a smile,__boy,

F5 D5 A5
Mak - ing us all forget.

C5 B5 D5 A5
What'd you do?__ Say__ it with_ a smile,__boy,

F5 D5 A5
Mak - ing us all forget.__

F5 D5 A5
Making us all forget.__

F5 D5 A5 F5 D5
Making us all forget.__

Interlude

Bass solo
‖ 4 ‖

Outro

𝄆 D5 F5 D5 | C5 B5 A5 𝄇 *Play 8 times*

7 And 7 Is

Words & Music by Arthur Lee

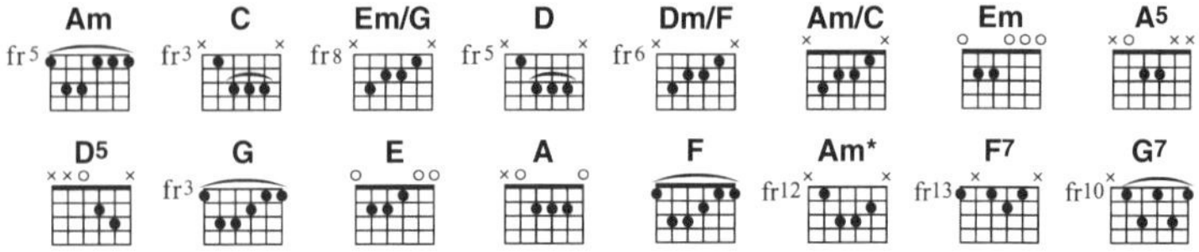

Intro | Am | C Em/G | D | Dm/F Am/C |
| Em | Em | A5 D5 | A5 D5 ||

Verse 1

Am Em G D A5 D5 A5 D
When I was a boy I thought a - bout the times I'd be a man,
Am Em G D A5 D5 A5 D5
I'd sit inside a bottle and pre - tend that I was in a can.
Am Em G D A5 D5 A5 D5
In my lonely room I'd sit my mind in an ice cream cone,
Am Em G
You can throw me if you wanna 'cause I'm a bone and I go
E A E A
Oop - ip - ip oop - ip - ip.

Link 1 | Am | C Em/G | D | Dm/F Am/C |
Yeah!
| Em | Em | A5 D5 | A5 D5 ||

Verse 2

Am Em G D A5 D5 A5 D5
If I don't start cryin' it's be - cause that I have got no eyes,
Am Em G D A5 D5 A5 D5
My father's in the fireplace and my dog lies hypnotized.
Am Em G D A5 D5 A5 D5
Through a crack of light I was un - able to find my way
Am Em G
Trapped inside a night but I'm a day and I go
E A E A
Oop - ip - ip oop - ip - ip.

Link 2 As Link 1

A5 D5	A5 D5	A5 D5	A5 D5
One,	two,	three,	four!

Instrumental

‖: Em | F | C | G :‖

| Em F | C G | Em F | C G |

| Em F C G | Em F C G | Em F C G | Em F C G |

| Em (fermata) ‖

Outro

| C | Am* | F7 | G7 |

| C | A | F ‖ *Fade out*

Aces High

Words & Music by Steve Harris

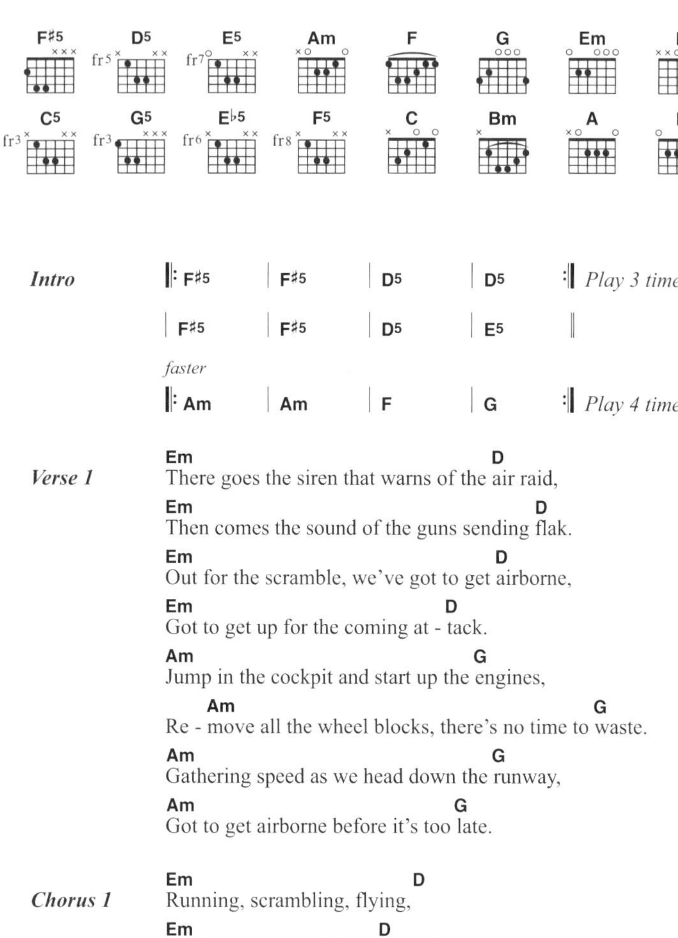

Intro

𝄆 F♯5 | F♯5 | D5 | D5 𝄇 *Play 3 times*

| F♯5 | F♯5 | D5 | E5 ‖

faster

𝄆 Am | Am | F | G 𝄇 *Play 4 times*

Verse 1

```
Em                                  D
There goes the siren that warns of the air raid,
Em                                      D
Then comes the sound of the guns sending flak.
Em                                  D
Out for the scramble, we've got to get airborne,
Em                             D
Got to get up for the coming at - tack.
Am                               G
Jump in the cockpit and start up the engines,
    Am                                        G
Re - move all the wheel blocks, there's no time to waste.
Am                                G
Gathering speed as we head down the runway,
Am                           G
Got to get airborne before it's too late.
```

Chorus 1

```
Em                           D
Running, scrambling, flying,
Em                       D
Rolling, turning, diving, going in again.
```

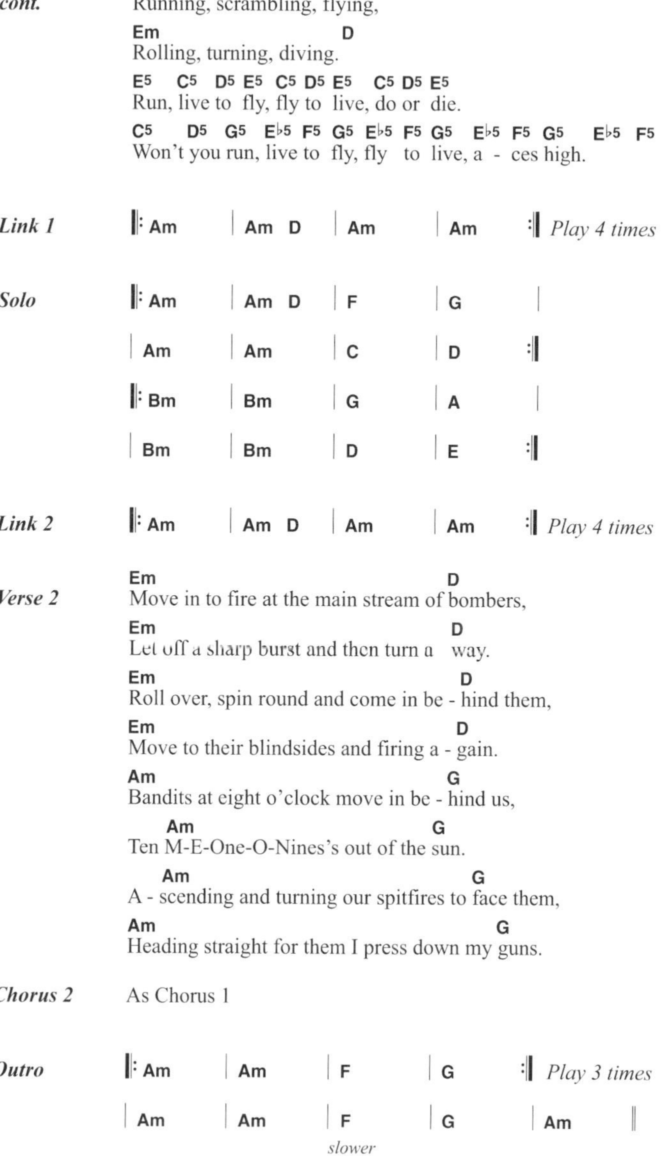

cont.

Em D
Running, scrambling, flying,

Em D
Rolling, turning, diving.

E5 C5 D5 E5 C5 D5 E5 C5 D5 E5
Run, live to fly, fly to live, do or die.

C5 D5 G5 E♭5 F5 G5 E♭5 F5 G5 E♭5 F5 G5 E♭5 F5
Won't you run, live to fly, fly to live, a - ces high.

Link 1

|: Am | Am D | Am | Am :| *Play 4 times*

Solo

: Am	Am D	F	G
Am	Am	C	D :
: Bm	Bm	G	A
Bm	Bm	D	E :

Link 2

|: Am | Am D | Am | Am :| *Play 4 times*

Verse 2

Em D
Move in to fire at the main stream of bombers,

Em D
Let off a sharp burst and then turn a way.

Em D
Roll over, spin round and come in be - hind them,

Em D
Move to their blindsides and firing a - gain.

Am G
Bandits at eight o'clock move in be - hind us,

Am G
Ten M-E-One-O-Nines's out of the sun.

Am G
A - scending and turning our spitfires to face them,

Am G
Heading straight for them I press down my guns.

Chorus 2

As Chorus 1

Outro

|: Am | Am | F | G :| *Play 3 times*
| Am | Am | F | G | Am ||

slower

Africa

Words & Music by Jeff Porcaro & David Paich

Intro

|: A G♯m C♯m | C♯m | A G♯m C♯m | C♯m :|

Verse 1

B D♯m7 G♯m7
I hear the drums echoing to - night,
B/F♯ A
But she hears only whispers
E/F♯ G♯m7 A G♯m C♯m
Of some quiet conver - sa - tion.
B D♯m7 G♯m7
She's coming in, twelve-thirty flight,
B/F♯ A
Her moonlit wings re - flect the stars
E/F♯ G♯m7 A G♯m C♯m
That guide me towards sal - va - tion.
B D♯m7 G♯m7
I stopped an old man along the way,
B/F♯ A E/F♯
Hoping to find some old forgotten words
G♯m7 A G♯m C♯m
Or ancient melo - dies.
B D♯m7 G♯m7
He turned to me as if to say
A G♯m C♯m
Hurry boy, it's waiting there for you.______

Chorus 1

F♯m D A E
It's gonna take a lot to drag me a - way from you,
F♯m D A E
There's nothing that a hundred men or more could ever do.
F♯m D A E
I bless the rains down in Afri - ca,
F♯m D A
Gonna take some time to do the things
C♯m E F♯m7 E/G♯ (A)
We never had.______ Ooh.__

Link 1

| A G♯m C♯m | C♯m | A G♯m C♯m | C♯m ||

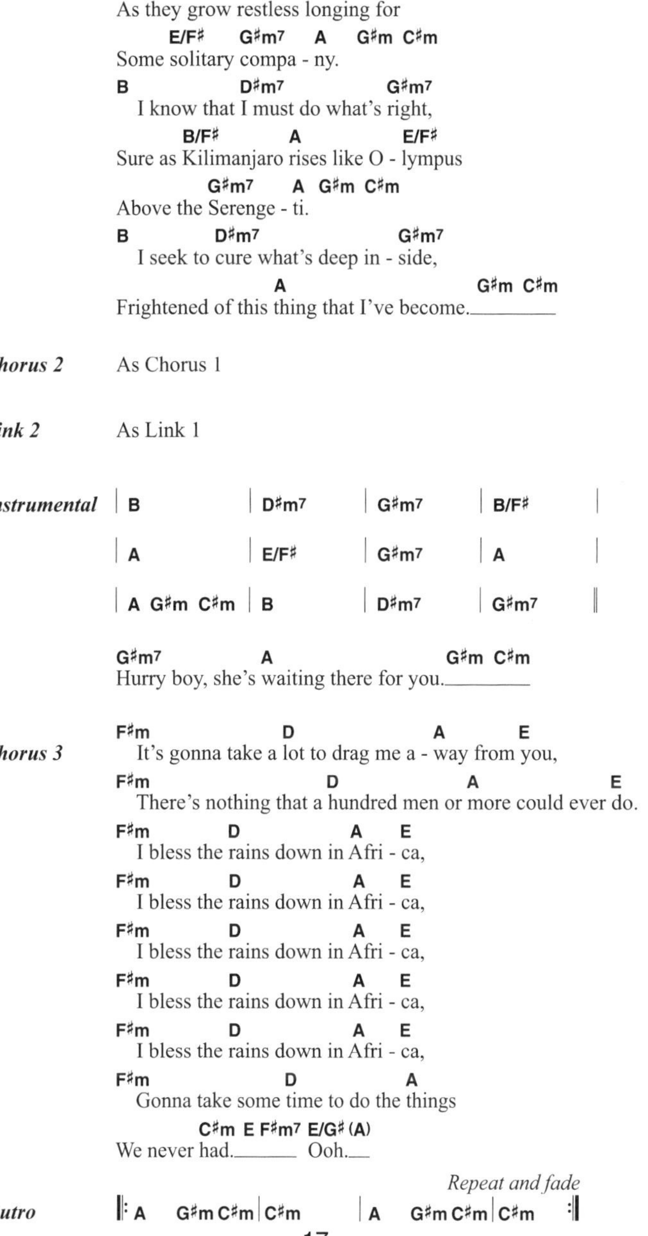

```
Verse 2       B                   D♯m7           G♯m7
                 The wild dogs cry out in the night,
                 B/F♯                   A
              As they grow restless longing for
                    E/F♯     G♯m7    A    G♯m  C♯m
              Some solitary compa - ny.
              B                D♯m7                G♯m7
                 I know that I must do what's right,
                      B/F♯          A                E/F♯
              Sure as Kilimanjaro rises like O - lympus
                         G♯m7      A  G♯m  C♯m
              Above the Serenge - ti.
              B             D♯m7                   G♯m7
                 I seek to cure what's deep in - side,
                                     A                        G♯m  C♯m
              Frightened of this thing that I've become.________

Chorus 2      As Chorus 1

Link 2        As Link 1

Instrumental  | B           | D♯m7      | G♯m7      | B/F♯      |

              | A           | E/F♯      | G♯m7      | A         |

              | A G♯m C♯m   | B         | D♯m7      | G♯m7      ||

              G♯m7              A                        G♯m  C♯m
              Hurry boy, she's waiting there for you.________

              F♯m                 D                  A        E
Chorus 3         It's gonna take a lot to drag me a - way from you,
              F♯m                          D             A                E
                 There's nothing that a hundred men or more could ever do.
              F♯m           D               A    E
                 I bless the rains down in Afri - ca,
              F♯m           D               A    E
                 I bless the rains down in Afri - ca,
              F♯m           D               A    E
                 I bless the rains down in Afri - ca,
              F♯m           D               A    E
                 I bless the rains down in Afri - ca,
              F♯m           D               A    E
                 I bless the rains down in Afri - ca,
              F♯m                  D                A
                 Gonna take some time to do the things
                         C♯m E F♯m7 E/G♯ (A)
              We never had.______  Ooh.__

                                                      Repeat and fade
Outro         ||: A    G♯m C♯m | C♯m      | A    G♯m C♯m | C♯m    :||
```

All Along The Watchtower

Words & Music by Bob Dylan

Am G F

Capo fourth fret

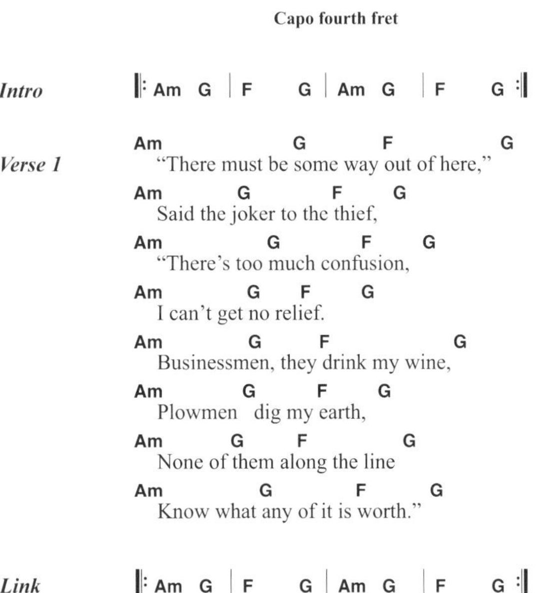

Intro

‖: Am G | F G | Am G | F G :‖

Verse 1

Am G F G
"There must be some way out of here,"
Am G F G
Said the joker to the thief,
Am G F G
"There's too much confusion,
Am G F G
I can't get no relief.
Am G F G
Businessmen, they drink my wine,
Am G F G
Plowmen dig my earth,
Am G F G
None of them along the line
Am G F G
Know what any of it is worth."

Link

‖: Am G | F G | Am G | F G :‖

Verse 2

Am G F G
"No reason to get excited,"
Am G F G
The thief he kindly spoke,
Am G F G
"There are many here among us
Am G F G
Who feel that life is but a joke.

cont.

```
Am             G        F                  G
   But you and I, we've been through that
Am            G       F     G
   And this is not our fate,
Am          G       F            G
   So let us not talk falsely now,
Am          G         F     G
   The hour is getting late."
```

Link

```
|: Am  G  | F    G | Am  G  | F    G :|
```

Verse 3

```
Am      G       F            G
   All along the watchtower
Am        G          F    G
   Princes kept the view
Am             G        F                G
   While all the women came and went,
Am           G        F     G
   Barefoot servants, too.
Am          G       F        G
   Outside in the distance
Am        G     F      G
   A wildcat did growl,
Am            G             F        G
   Two riders   were approaching,
Am             G       F     G
   The wind began to howl.
```

Coda

```
|: Am  G  | F    G | Am  G  | F    G :| Repeat to fade
```

Anarchy In The U.K.

Words & Music by Steven Jones, Johnny Rotten,
Paul Cook & Glen Matlock

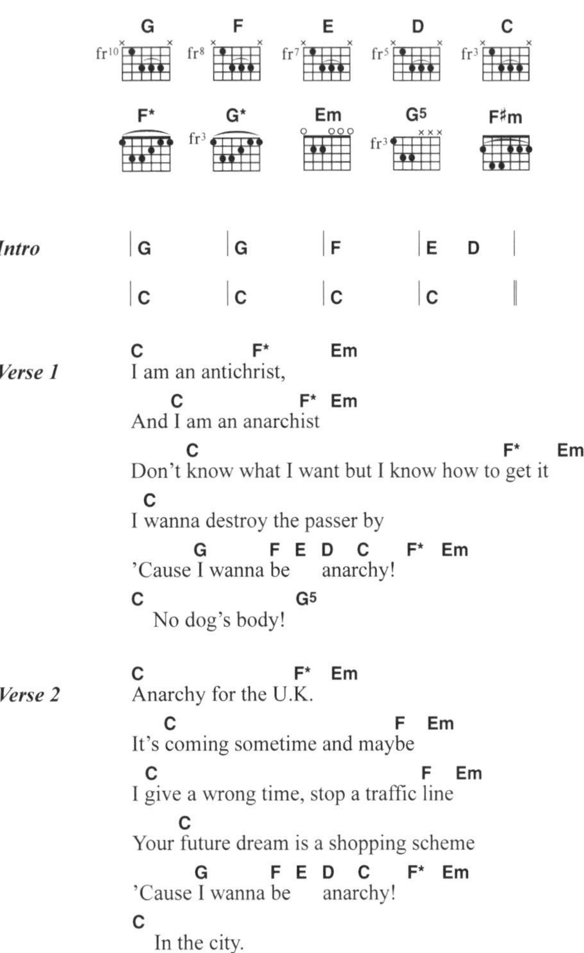

Intro

| G | G | F | E D |

| C | C | C | C ||

Verse 1

C F* Em
I am an antichrist,
C F* Em
And I am an anarchist
C F* Em
Don't know what I want but I know how to get it
C
I wanna destroy the passer by
G F E D C F* Em
'Cause I wanna be anarchy!
C G5
No dog's body!

Verse 2

C F* Em
Anarchy for the U.K.
C F Em
It's coming sometime and maybe
C F Em
I give a wrong time, stop a traffic line
C
Your future dream is a shopping scheme
G F E D C F* Em
'Cause I wanna be anarchy!
C
In the city.

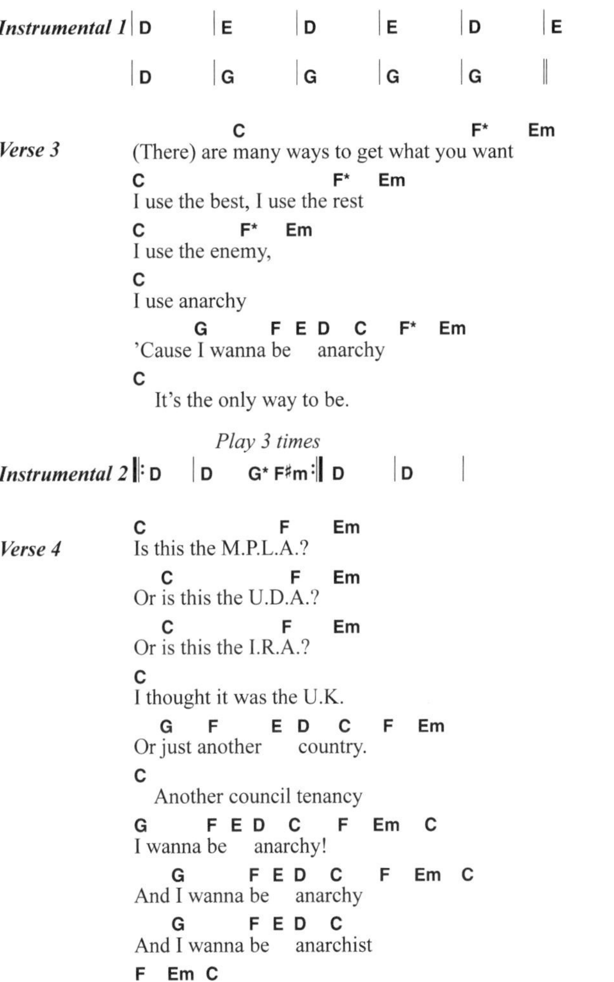
Instrumental 1 | D | E | D | E | D | E |
| D | G | G | G | G ||
Verse 3
C F* Em
(There) are many ways to get what you want
C F* Em
I use the best, I use the rest
C F* Em
I use the enemy,
C
I use anarchy
G F E D C F* Em
'Cause I wanna be anarchy
C
It's the only way to be.
Play 3 times
Instrumental 2 |: D | D G* F♯m :| D | D |
Verse 4
C F Em
Is this the M.P.L.A.?
C F Em
Or is this the U.D.A.?
C F Em
Or is this the I.R.A.?
C
I thought it was the U.K.
G F E D C F Em
Or just another country.
C
Another council tenancy
G F E D C F Em C
I wanna be anarchy!
G F E D C F Em C
And I wanna be anarchy
G F E D C
And I wanna be anarchist
F Em C
Get pissed, destroy!

Arnold Layne

Words & Music by Syd Barrett

A G F♯ F E D C

Verse 1
A G F♯ F
Arnold Layne had a strange hobby,
E A G D E
Collecting clothes, moonshine washing line,___
D C A
They suit him fine.

Verse 2
A G F♯ F
On the wall hung a tall mirror
E A G D E
Distorted view, see through baby blue,___
D C
He dug it.

Chorus 1
G D A
Oh, Arnold Layne,
C G D C G D
It's not the same, it takes two to know,
E G A
Two to know, two to know, two to know.
D G E A
Why can't you see?

Bridge 1
A
Arnold Layne, Arnold Layne, Arnold Layne.

Instrumental | A | A | A | A ||

```
              A                                 G        F♯       F
Verse 3         Now he's caught, a nasty sort of person.
              E                           A            G      D      E
                They gave him time, doors bang, chain gang,___
                 D    C
              He hates it.


Chorus 2      As Chorus 1

              A
Outro         Arnold Layne, Arnold Layne, Arnold Layne.
                    G            E       A
              Arnold Layne don't do it a - gain.
```

Atmosphere

Words & Music by Ian Curtis, Peter Hook,
Bernard Sumner & Stephen Morris

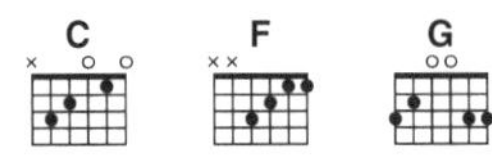

Intro ‖: C | F :‖ *Play 5 times*

Verse 1

```
C          F
Walk in silence,
              C        F
Don't walk away, in silence.
          C
See the danger,
          F
Always danger,
          C
Endless talking,
           F
Life re - building.
                C       F
Don't walk a-way.
```

Link 1

| G | G | F | F |

‖: C | F :‖

Verse 2

```
C         F
Walk in silence
             C        F
Don't turn away, in silence.
        C
Your confusion,
     F
My illusion
                C
Worn like a mask of self-hate
F
Confronts and then dies,
       C          F     G     F
Don't walk away.
```

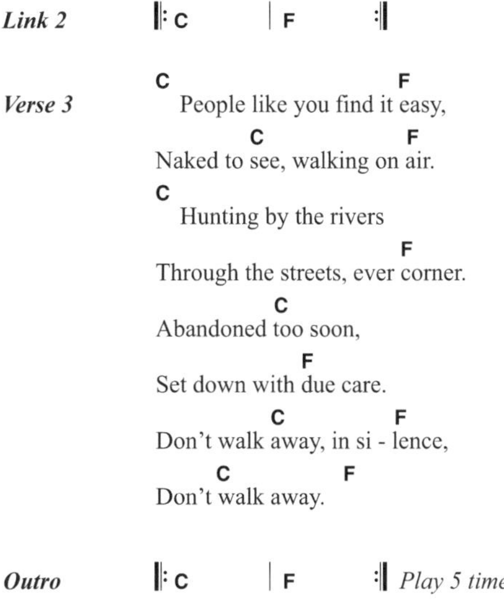

Link 2 ‖: C | F :‖

Verse 3

C F
People like you find it easy,
C F
Naked to see, walking on air.
C
Hunting by the rivers
F
Through the streets, ever corner.
C
Abandoned too soon,
F
Set down with due care.
C F
Don't walk away, in si - lence,
C F
Don't walk away.

Outro ‖: C | F :‖ *Play 5 times*

| C𝄐 ‖

Barracuda

Words & Music by Ann Wilson, Nancy Wilson,
Roger Fisher & Michael DeRosier

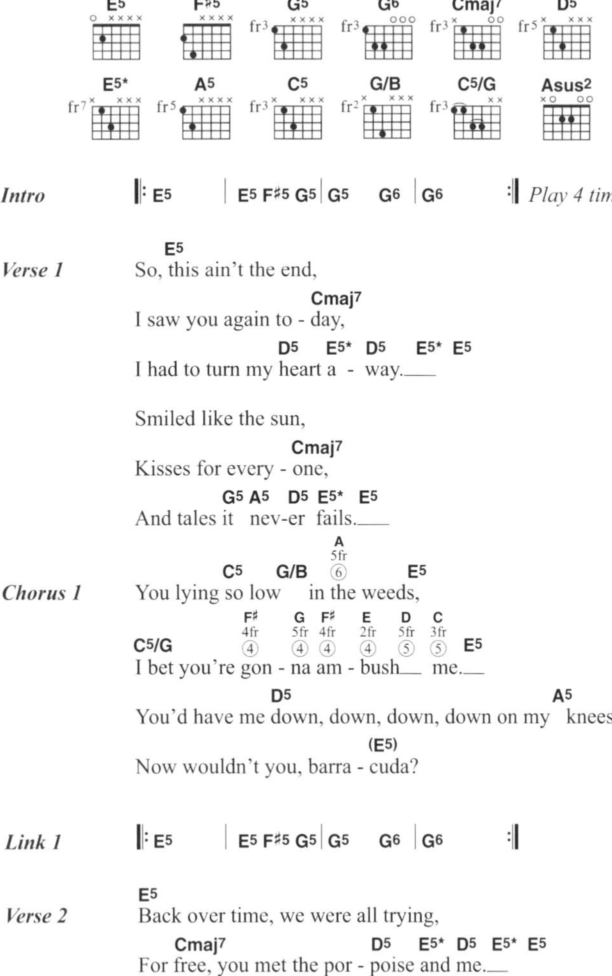

Intro | E5 | E5 F♯5 G5 | G5 G6 | G6 :| *Play 4 times*

Verse 1

E5
So, this ain't the end,
Cmaj7
I saw you again to - day,
D5 E5* D5 E5* E5
I had to turn my heart a - way.__

Smiled like the sun,
Cmaj7
Kisses for every - one,
G5 A5 D5 E5* E5
And tales it nev-er fails.__

Chorus 1

C5 G/B A (5fr ⑥) E5
You lying so low in the weeds,
C5/G F♯ (4fr ④) G (5fr ④) F♯ (4fr ④) E (2fr ④) D (5fr ⑤) C (3fr ⑤) E5
I bet you're gon - na am - bush__ me.__
D5 A5
You'd have me down, down, down, down on my knees,
(E5)
Now wouldn't you, barra - cuda?

Link 1 | E5 | E5 F♯5 G5 | G5 G6 | G6 :|

Verse 2

E5
Back over time, we were all trying,
Cmaj7 D5 E5* D5 E5* E5
For free, you met the por - poise and me.__

cont.

No right, no wrong, selling a song

Cmaj7 G5 A5 D5 E5* E5
A name, whisper game.

Chorus 2

C G/B A (5fr ⑥) E5
And if the real thing don't do the trick,

C5/G F♯ (4fr ④) G (5fr ④) F♯ (4fr ④) E (2fr ④) D (5fr ⑤) C (3fr ⑤) E5
You better make up__ some - thing__ quick.

D5 A5
You gonna burn, burn, burn, burn it to the wick,

E5
Oooh, barra - cuda.

| E5 | E5 G5 A5 D5 E5* | E5 | E5 G5 A5 D5 E5* ||

Bridge

C
"Sell me, sell you," the porpoise said,

Asus2 E5
Dive down deep down, deeper than you.

G5 A5 D5 E5* E5 G5 A5 D5 E5*
I think that you got the blues too.

C
All that night and all the next,

Asus2
Swam without looking back,

E5 F♯5 G5 A5 | E5 F♯5 G5 A5 |
Made for the western pools silly, silly fools!

Guitar solo

|: C | C | Asus2 | Asus2 |

| E5 | E5 F♯5 G5 A5 | E5 F♯5 G5 A5 :|

Chorus 3

C G/B A (5fr ⑥) E5
If the real thing don't do the trick,

C5/G F♯ (4fr ④) G (5fr ④) F♯ (4fr ④) E (2fr ④) D (5fr ⑤) C (3fr ⑤) E5
No, you better make up__ some - thing__ quick.

D5 A5
You gonna burn, burn, burn, burn it to the wick,

E5
Oh, barra - cuda.

Outro

|: E5 :| *Repeat to fade*

Battleship Chains

Words & Music by Terry Anderson

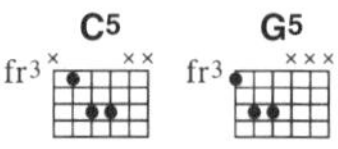

Intro 𝄆 C5 | G5 | G5 | C5 𝄇 *Play 4 times*

Chorus 1

```
C5                              G5
You got me tied down with battleship chains,
                          C5
Fifty foot long and a two ton anchor.
                    G5
Tied down with battleship chains,
                          C5
Fifty foot long and a two ton anchor.
```

Verse 1

```
C5                        G5
I can't move my arms to hold nobody,
                   C5
Hold nobody but you.
                         G5
I can't move my legs to chase nobody,
                      C5
To kick nobody but you.
```

Chorus 2 As Chorus 1

Verse 2

```
C5                        G5
I can't move my eyes to see nobody,
                  C5
See nobody but you.
                               G5
I can't move my tongue to taste nobody,
                       C5
To lick nobody but you.
```

Chorus 3 As Chorus 1

Instrumental ‖: C5 | G5 | G5 | C5 :‖

Verse 3

```
C5                      G5
I can't move my lips to kiss nobody,
                  C5
Kiss nobody but you.
                          G5
I can't move my heart to love nobody,
                     C5
To love nobody but you.
```

Chorus 4 As Chorus 1

Outro

```
C5                        G5
You got me tied, tied,     whoo hoo, tied tied.
C5                                        G5
   Don't you know you got me tied tied,    whoo hoo, tied, tied.
C5                                             G5
Baby, don't you know you got me tied tied,    whoo hoo, tied, tied.
```

Ad lib. to fade

Because The Night

Words & Music by Bruce Springsteen & Patti Smith

Bm G A D C F♯

```
Intro          | Bm  G  | A  Bm  | Bm  G  | A  Bm  ||

               Bm       G             A          Bm
Verse 1        Take me now baby, here as I am,
                         G              A            Bm
               Pull me close, try and understand.___
                         G                A    Bm
               Desire is hunger, is the fire I breathe,
                          G             A              Bm
               Love is a banquet on which we feed.___

               G        A             D      A
Pre-chorus 1   Come on now, try and under - stand
                  Bm    G                         A
               The way I feel when I'm in your hands.
               D       G                        A
               Take my hand, come under - cover,
                    C
               They can't hurt you now,
               Bm                  F♯
               Can't hurt you now, can't hurt you now.

               Bm        G                     A
Chorus 1       Because the night belongs to lovers,
               Bm        G                     A  Bm
               Because the night belongs to lust.
                         G                     A
               Because the night belongs to lovers,
               Bm        G                     A  Bm
               Because the night belongs to us.
```

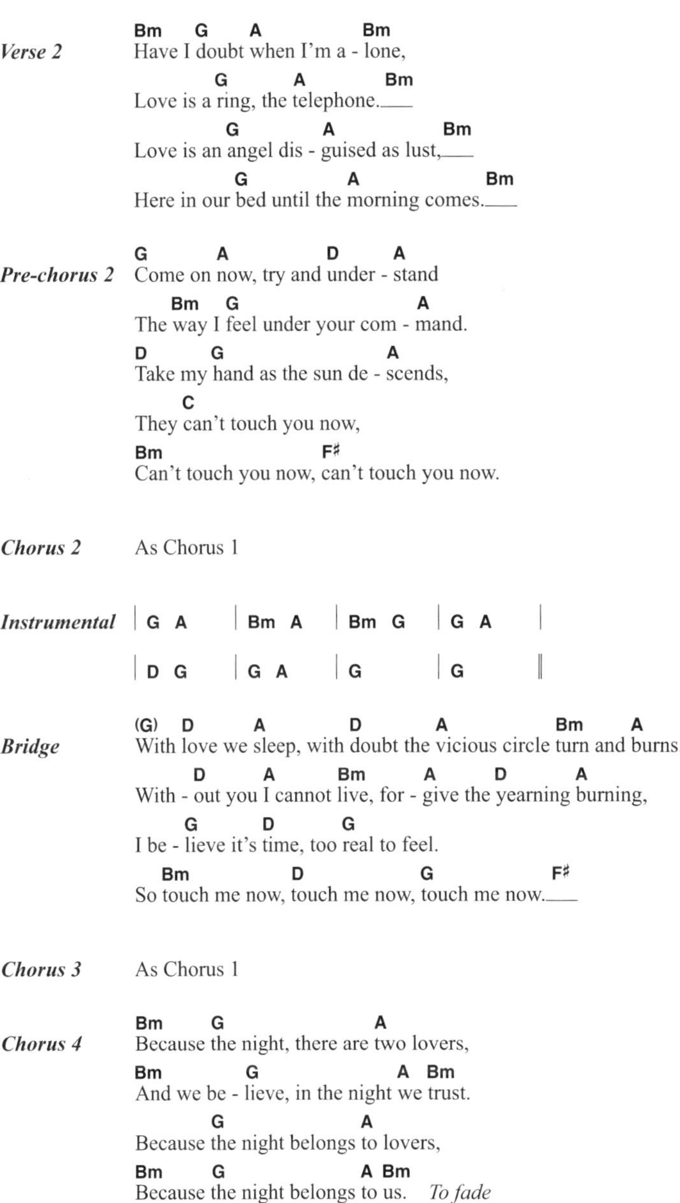

Verse 2

Bm G A Bm
Have I doubt when I'm a - lone,
G A Bm
Love is a ring, the telephone.__
G A Bm
Love is an angel dis - guised as lust,__
G A Bm
Here in our bed until the morning comes.__

Pre-chorus 2

G A D A
Come on now, try and under - stand
Bm G A
The way I feel under your com - mand.
D G A
Take my hand as the sun de - scends,
C
They can't touch you now,
Bm F♯
Can't touch you now, can't touch you now.

Chorus 2

As Chorus 1

Instrumental

| G A | Bm A | Bm G | G A |
| D G | G A | G | G ||

Bridge

(G) D A D A Bm A
With love we sleep, with doubt the vicious circle turn and burns.
D A Bm A D A
With - out you I cannot live, for - give the yearning burning,
G D G
I be - lieve it's time, too real to feel.
Bm D G F♯
So touch me now, touch me now, touch me now.__

Chorus 3

As Chorus 1

Chorus 4

Bm G A
Because the night, there are two lovers,
Bm G A Bm
And we be - lieve, in the night we trust.
G A
Because the night belongs to lovers,
Bm G A Bm
Because the night belongs to us. *To fade*

Beds Are Burning

Words & Music by Peter Garrett, Robert Hirst & James Moginie

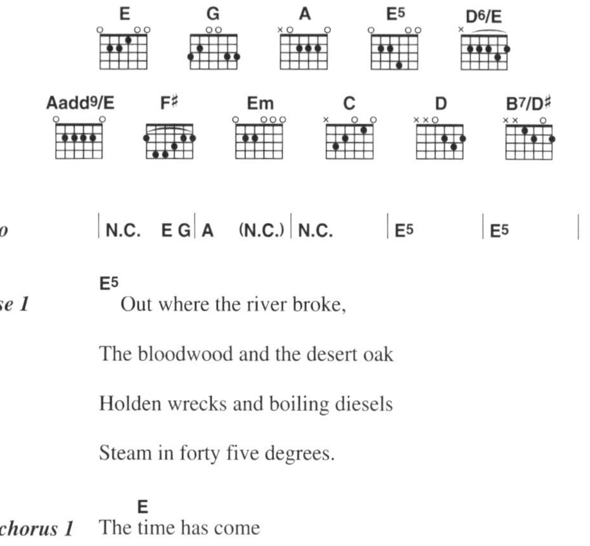


```
Intro            | N.C.   E G | A   (N.C.) | N.C.      | E5       | E5       |

                 E5
Verse 1             Out where the river broke,

                 The bloodwood and the desert oak

                 Holden wrecks and boiling diesels

                 Steam in forty five degrees.

                     E
Pre-chorus 1     The time has come
                    D6/E
                 To say fair's fair
                    Aadd9/E
                 To pay the rent
                    E5
                 To pay our share.
                     E
                 The time has come
                   D6/E
                 A fact's a fact
                   Aadd9/E
                 It belongs to them
                       F♯           E  G  A  (N.C.)
                 Let's give it back.
```

Chorus 1

```
Em                          C                G
How can we dance when our earth is turning?
Em                        C                  D       B7/D#
How do we sleep while our beds are burning?
Em                          C                G
How can we dance when our earth is turning?
Em                        C                  D
How do we sleep while our beds are burning?
    Em
The time has come
   C
To say fair's fair
   G
To pay the rent now
   D
To pay our share.
```

Instrumental

```
| E5        | E5        | E5        | E5        |
```

Verse 2

```
E5
Four wheels scare the cockatoos

From Kintore East to Yuendemu

The western desert lives and breathes

In forty five degrees.
```

Pre-chorus 2

```
    E
The time has come
   D6/E
To say fair's fair
   Aadd9/E
To pay the rent
   E5
To pay our share.
    E
The time has come
  D6/E
A fact's a fact
     Aadd9/E
It belongs to them
      N.C.          E  G  A  (N.C.)
Let's give it back.
```

```
            Em                          C              G
Chorus 2    How can we dance when our earth is turning?
            Em                        C                D       B7/D#
            How do we sleep while our beds are burning?
            Em                          C              G
            How can we dance when our earth is turning?
            Em                        C                D
            How do we sleep while our beds are burning?
                Em
            The time has come
               C
            To say fair's fair
               G
            To pay the rent now
               D
            To pay our share.
                Em
            The time has come
              C
            A fact's a fact
                G
            It belongs to them
                         D
            We're gonna give it back.

            Em                          C              G
Chorus 3    How can we dance when our earth is turning?
            Em                       C                 D
            How do we sleep when our beds are burning?

Outro       | Em | C | G | D | Em | C | G | D |
            | D | E G A | N.C. | E G A ||
```

Don't Take Me Alive

Words & Music by Donald Fagen & Walter Becker

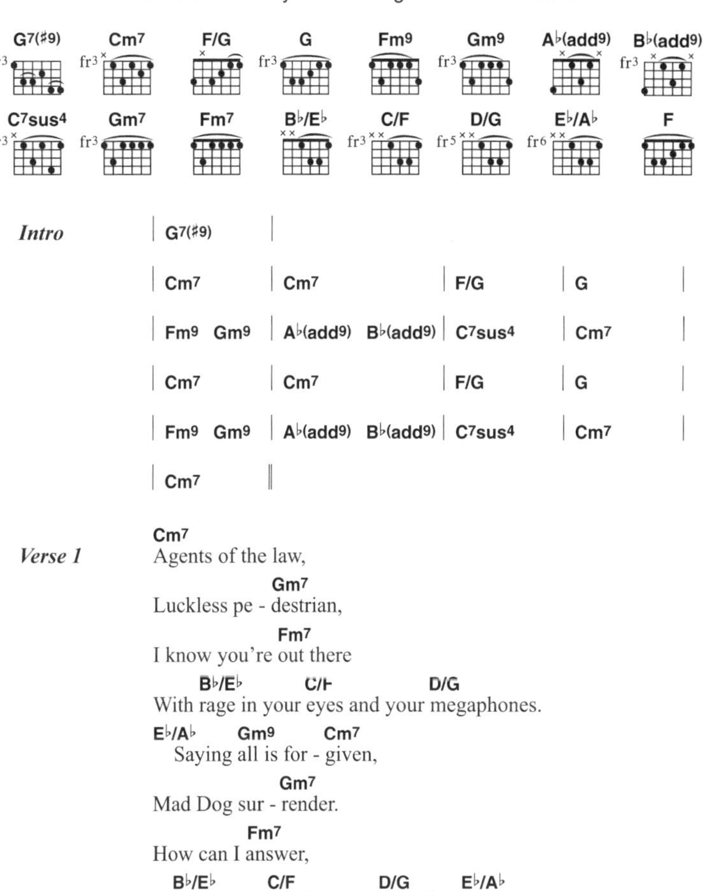

Intro

| G7(♯9) |

| Cm7 | Cm7 | F/G | G |

| Fm9 Gm9 | A♭(add9) B♭(add9) | C7sus4 | Cm7 |

| Cm7 | Cm7 | F/G | G |

| Fm9 Gm9 | A♭(add9) B♭(add9) | C7sus4 | Cm7 |

| Cm7 ||

Verse 1

Cm7
Agents of the law,
Gm7
Luckless pe - destrian,
Fm7
I know you're out there
B♭/E♭ C/F D/G
With rage in your eyes and your megaphones.
E♭/A♭ Gm9 Cm7
Saying all is for - given,
Gm7
Mad Dog sur - render.
Fm7
How can I answer,
B♭/E♭ C/F D/G E♭/A♭
A man of my mind can do anything.

Chorus 1

```
F       Cm7
I'm a bookkeeper's son,
         F/G               G
I don't want to shoot no one.
         Fm9          Gm9                A♭(add9)
Well, I crossed my old man back in Oregon,
B♭(add9)            C7sus4   Cm7
Don't take me a - live.

Got a case of dynamite,
         F/G               G
I could hold out here all night.
        Fm9          Gm9                A♭(add9)
Yes, I crossed my old man back in Oregon,
B♭(add9)            C7sus4   Cm7
Don't take me a - live.
```

Verse 2

```
Cm7
Can you hear the evil crowd,
                      Gm7
The lies and the laughter.
             Fm7
I hear my insides,
     B♭/E♭        C/F           D/G
The mechanized hum of an - other world.
E♭/A♭      Gm9       Cm7
   Where no sun is shining,
                Gm7
No red light flashing.
                Fm7
Here in this darkness,
  B♭/E♭              C/F     D/G                        E♭/A♭
I know what I've done, I know all at once who I am.
```

Chorus 2 As Chorus 1

Bridge | Cm7 | Cm7 | Cm7 | Cm7 E♭/A♭ Gm9 |

| Cm7 | Cm7 E♭/A♭ Gm9 |

| Cm7 | D/G | E♭/A♭ | E♭/A♭ F ||

Chorus 3

(F) Cm7
I'm a bookkeeper's son,
F/G G
I don't want to shoot no one.
Fm9 Gm9 A♭(add9)
Well, I crossed my old man back in Oregon,
B♭(add9) C7sus4 Cm7
Don't take me a - live.

Got a case of dynamite,
F/G G
I could hold out here all night.
Fm9 Gm9 A♭(add9)
Yes, I crossed my old man back in Oregon,
B♭(add9) Fm9 Gm9 A♭(add9)
Don't take me a - live.
B♭(add9) Fm9 Gm9 A♭(add9) B♭(add9) Cm7
Don't take me alive.___

Black Night

Words & Music by Ritchie Blackmore, Ian Gillan,
Roger Glover, Jon Lord & Ian Paice

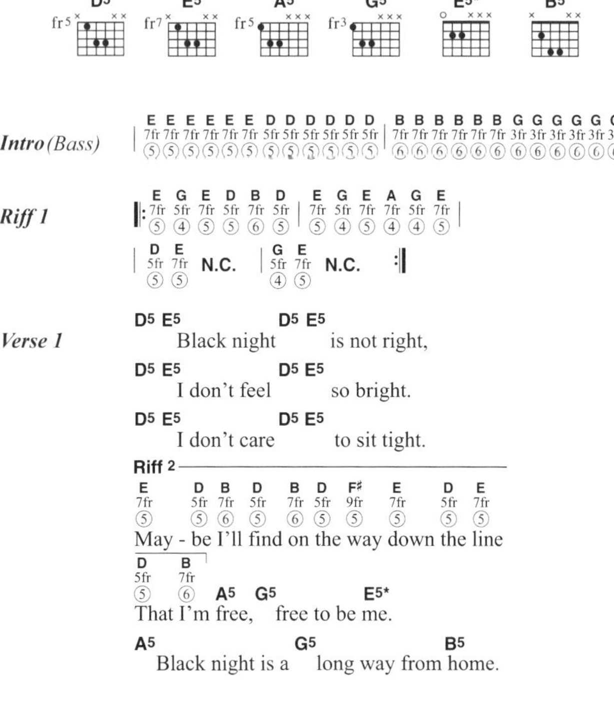

Link 1 As Riff 1 *(play twice)*

```
                D5 E5            D5 E5
Verse 2              I don't need       a dark tree,
                D5 E5            D5 E5
                     I don't want       a rough sea,
                D5 E5            D5 E5
                     I can't feel,      I can't see.
                Riff 2
                Maybe I'll find on the way down the line
                           A5   G5           E5*
                That I'm free,    free to be me.
                A5                  G5                B5
                   Black night is a    long way from home.


Instrumental 1 ‖: D5  E5      | D5 E5      :‖ Play 6 times


Link 2          As Riff 2


Instrumental 2 ‖: G5 A5       | G5 A5      :‖ Play 6 times


Link 3          As Riff 1 (play twice)


                D5 E5            D5 E5
Verse 3              Black night,       black night
                D5 E5            D5 E5
                     I don't need,      black night,
                D5 E5            D5 E5
                     I can't see,       dark light,
                Riff 2
                Maybe I'll find on the way down the line
                           A5   G5           E5*
                That I'm free,    free to be me.
                A5                  G5                B5
                   Black night is a    long way from home.


Outro          ‖: D5  E5      | D5  E5     :‖ Repeat to fade
```

Brand New Cadillac

Words & Music by Vince Taylor

E5 A5 B A E7 fr5

Intro

| E | E | E ||

E5
Drive, drive.

Verse 1

E5
My baby drove up in a brand new Cadillac, yes she did!
A5 E5
My baby drove up in a brand new Cadillac.
B A
She said, "Hey, come here, Daddy!
N.C. E5 B
I ain't never comin' back!"
E5
Baby, baby, won't you hear my plea?
A5 E5
C'mon, sugar, just come on back to me,
B A
She said, "Balls to you, Big Daddy."

| E5 | B |

Guitar solo

| E5 | E5 | E5 | E5 |

| A5 | A5 | E5 | E5 |

| B | A N.C. | E5 | B |

Verse 2

```
E5
Baby, baby, won't you hear my plea?
     A5                          E5
Oh c'mon, just hear my plea.
            B                         A
She said, "Balls to you, Daddy,"
                             E5     B
She ain't coming back to me.
E5
Baby, baby drove up in a Cadillac,
          A5                                         E5
I said, "Jesus Christ! Where'd you get that Cadillac?"
            B
She said, "Balls to you, Daddy,"
A                           E5
She ain't never coming back!
B                               E5
She ain't, she ain't coming back!
A5                          E5
She ain't never coming back!
A5                          E5
She ain't never coming back!
A5                          E5
She ain't never coming back!

| E5      | E5      | E5      | E7      ||
```

California

Words & Music by Mimi Parker, Zak Sally & George Sparhawk

G (fr4) A2/4 (fr6) G/B (fr7) A2/4/C♯ (fr9) D5 B5 (fr9) A5 (fr7) C5 (fr10)

⑥ = D ③ = G
⑤ = A ② = B
④ = D ① = D

Intro 𝄆 G A2/4 | G/B A2/4/C♯ | D5 | D5 𝄇

Verse 1

G A2/4 G/B A2/4/C♯ D5
See your re - flection in the mire,
G A2/4 G/B A2/4/C♯ D5
You keep your reve - lations wide.
G A2/4 G/B A2/4/C♯ D5
They knew just where to draw the line,
G A2/4(F♯bass) G/B(Ebass) A2/4/C♯(Abass) D5
You let them cut you every time.

Chorus 1

B5 A5(C♯bass)
Though it breaks your heart,
C5 B5
You had to sell the farm,
A5 (G)
Back to Cali - fornia where it's warm.

Link 1 𝄆 G A2/4 | G/B A2/4/C♯ | D5 | D5 𝄇

Verse 2

G A2/4 G/B A2/4/C♯ D5
It fell a - round you like the stars,
G A2/4 G/B A2/4/C♯ D5
You picked up every - thing they dropped.
G A2/4 G/B A2/4/C♯ D5
And though it breaks you like a song,
G A2/4(F♯bass) G/B(Ebass) A2/4/C♯(Abass) D5
You had some secrets of your own.

Verse 2

```
G          A2/4 G/B          A2/4/C#  D5
   It fell a  -  round you like the stars,
G                  A2/4  G/B       A2/4/C#     D5
   You picked up    every - thing they dropped.
G                   A2/4  G/B           A2/4/C#  D5
   And though it     breaks you like a    song,
G              A2/4(F#bass) G/B(Ebass) A2/4/C#(Abass) D5
   You had some        secrets      of your          own.
```

Chorus 2 As Chorus 1

Link 2 As Link 1

```
     | G   A2/4        | G/B         A2/4/C#        |
It's warm.
     | D5              | D5                         |

     | G   A2/4(F#bass)| G/B(Ebass)  A2/4/C#(Abass) |
It's warm.
     | D5              | D5                         |
```

Chorus 3

```
       B5                      A5
And though it breaks your heart,
      C5              B5
You had to sell the farm.
                           A5
Nights were just too long
        C5              B5
With all your children gone.
                          A5(C#bass)
Would it keep you strong
     C5             B5
If I said it with a song?
                      A5              (G)
Back to Cali - fornia where it's warm.
```

Outro

```
| G   A2/4        | G/B   A2/4/C# | D5          ||
```

The Chain

Words & Music by Lindsey Buckingham, Christine McVie,
Stevie Nicks, John McVie & Mick Fleetwood

E A7 D C Am Em Em(♭13)

Intro
| E | E | E | E |
| E | E | E | E N.C. ||

Verse 1

E A7
Listen to the wind blow,
D C E
Watch the sun rise.
A7
Run in the sha - dows

Damn your love,
D C E
Damn your lies.

Chorus 1

Am
And if you don't love me now,

You will never love me again,
Em C
I can still hear you saying,
D
You would never break the chain.
Am
And if you don't love me now,

You will never love me again,
Em C
I can still hear you saying,
D
You would never break the chain.

| E | E | E | E N.C. |

Verse 1

```
E                         A7
   Listen to the wind blow,
         D                 C E
Down comes the night.
                     A7
Run in the sha - dows

Damn your love,
              D     C E
Damn your lies.
                  A7
Break the si - lence

Damn the dark,
            D     C E
Damn the light.
```

Chorus 2

```
        Am
And if you don't love me now,

You will never love me again,
       Em             C
I can still hear you saying,
              D
You would never break the chain.
        Am
And if you don't love me now,

You will never love me again,
       Em             C
I can still hear you saying,
              D
You would never break the chain.
        Am
And if you don't love me now,

You will never love me again,
       Em             C
I can still hear you saying,
              D                        Em  Em♭13
You would never break the chain.

| Em  Em♭13 | Em  Em♭13 | Em  Em♭13 | Em      |
```

Bass solo | Am C | Em | Am C | Em |

| Am C | Em | Am C | Em |

| Am C | Em | Am C | Em |

| Am C | Em | Am C | Em |

Outro

```
   Am    C                  Em
‖: Chain,   keep us to - gether,

(Running in the shadows,)
Am    C                  Em
Chain,    keep us to - gether.

(Running in the shadows...) :‖   Repeat to fade
```

Down On The Farm

Words & Music by Charles Harper, Alvin Gibbs & Nicholas Garrett

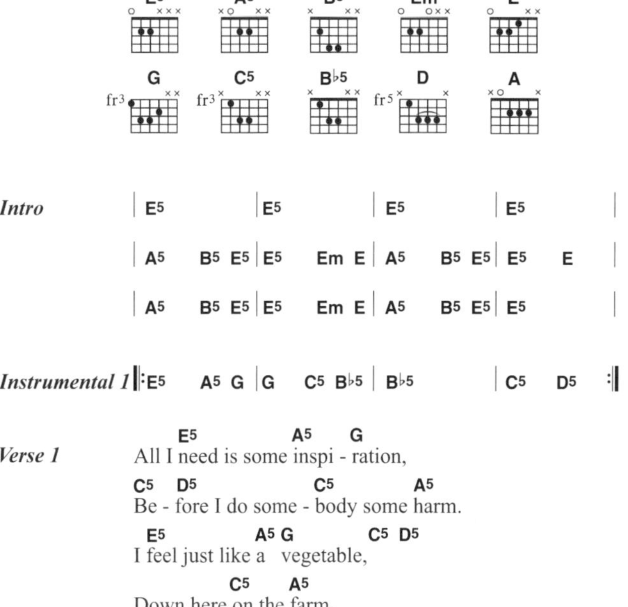

Intro

| E5 | E5 | E5 | E5 |

| A5 B5 E5 | E5 Em E | A5 B5 E5 | E5 E |

| A5 B5 E5 | E5 Em E | A5 B5 E5 | E5 |

Instrumental 1

‖: E5 A5 G | G C5 B♭5 | B♭5 | C5 D5 :‖

Verse 1

E5 A5 G
All I need is some inspi - ration,
C5 D5 C5 A5
Be - fore I do some - body some harm.
E5 A5 G C5 D5
I feel just like a vegetable,
C5 A5
Down here on the farm.

Verse 2

E5 A5 G
No - body comes to see me,
C5 D5 C5 A5
No - body here to turn me on.
E5 A5 G C5 D5
I ain't even got a lover,
C5 A5
Down here on the farm.

Instrumental 2 As Instrumental 1

Verse 3

E5 A5 G
They told me to get healthy,
C5 D5 C5 A5
They told me to get some sun.
E5 A5 G C5 D5
But boredom eats me like cancer,
C5 A5
Down here on the farm.

Verse 4

E5 A5 G
Drinking lemonade shandy,
C5 D5 C5 A5
Ain't no - body here to do me harm.
E5 A5 G C5 D5
But I'm like a fish out of water,
C5 A5
Down here on the farm.

Link

𝄆 B5 A B5 A B5 | B5 A B5 B♭5 A5 | G | D 𝄇
Play 4 times

Instrumental 3 As Instrumental 1

Verse 5

E5 A5 G
I wrote a thousand letters,
C5 D5 C5 A5
Till my fingers all gone numb.
E5 A5 G C5 D5
But I never see no postman,
C5 A5
Down here on the farm.

Verse 6

E5 A5 G
I call my baby on the telephone
C5 D5 C5 A5
I say, "Come down and have some fun."
E5 A5 G C5 D5
But she knows what the score is,
C5 A5
Down here on the farm.

Verse 7

E5 A5 G
I can't fall in love with a wheatfield,
C5 D5 C5 A5
I can't fall in love with a barn.

E5 A5 G C5 D5
Well, everything smells like horseshit,
C5 A5
Down here on the farm.

Verse 8

E5 A5 G
Blue skies and swimming pools
C5 D5 C5 A5
Add so much charm.
E5 A5 G C5 D5
But I'd rather be back in Soho,
C5 A5
Than down here on the farm.

Outro

| E5 A5 G | G C5 D5 | D5 C5 | C5 A5 |
On the fucking farm!

| E5 A5 G | G C5 D5 | D5 |

D5 E5
Are you born in a fucking barn or what?

Baaaaaah!

Hold still…

Christine

Words & Music by Siouxsie Sioux & Steve Severin

Dm7 E♭maj7 D5 G A D

Capo first fret

```
Intro      | Dm7          |

           |: E♭maj7   | D5      :| Play 4 times

           E♭maj7                        D5
Verse 1    She tries not to shatter, kaleidoscope style,
           E♭maj7                     D5
           Personality changes behind her red smile.
           E♭maj7                           D5
           Every new problem brings a stranger inside,
           E♭maj7                     D5
           Helplessly forcing one more new disguise.

                  Dm7      G
Chorus 1   Christine, the strawberry girl,
                  Dm7     G
           Christine, banana split lady.
                  Dm7      G
           Christine, the strawberry girl,
                  Dm7     G
           Christine, banana split lady.

Link 1     |: E♭maj7   | D5      :| Play 4 times

           E♭maj7                      D5
Verse 2    Singing sweet savages lost in our world,
           E♭maj7                        D5
           This big eyed girl sees her faces unfurl.
           E♭maj7
           Now she's in purple,
           D5                  E♭maj7      D5
           Now she's the turtle,         disintegrating.
```

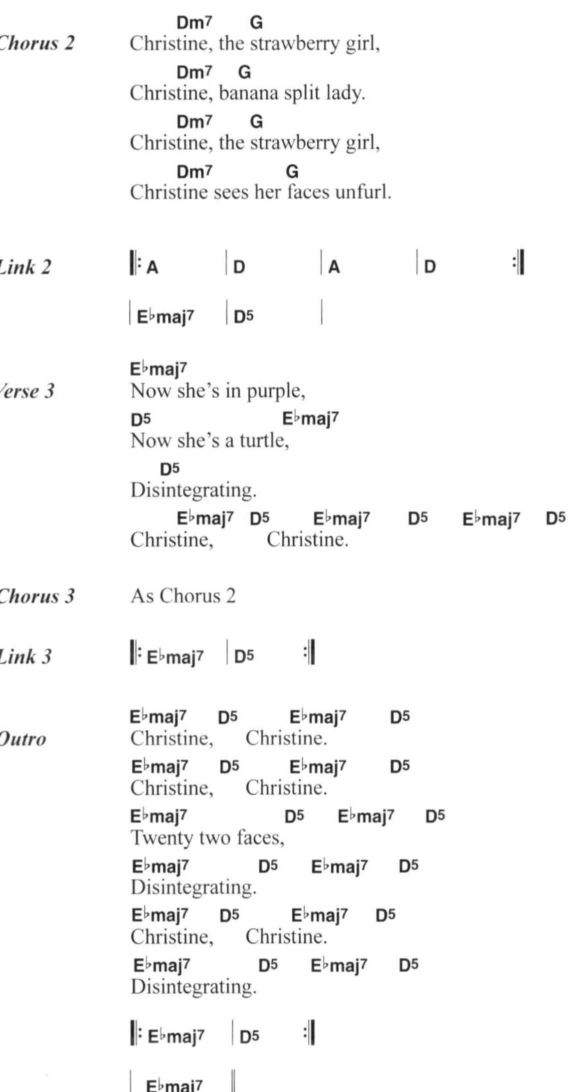

Chorus 2

Dm7 G
Christine, the strawberry girl,
Dm7 G
Christine, banana split lady.
Dm7 G
Christine, the strawberry girl,
Dm7 G
Christine sees her faces unfurl.

Link 2

‖: A | D | A | D :‖

| E♭maj7 | D5 |

Verse 3

E♭maj7
Now she's in purple,
D5 E♭maj7
Now she's a turtle,
D5
Disintegrating.
E♭maj7 D5 E♭maj7 D5 E♭maj7 D5
Christine, Christine.

Chorus 3 As Chorus 2

Link 3

‖: E♭maj7 | D5 :‖

Outro

E♭maj7 D5 E♭maj7 D5
Christine, Christine.
E♭maj7 D5 E♭maj7 D5
Christine, Christine.
E♭maj7 D5 E♭maj7 D5
Twenty two faces,
E♭maj7 D5 E♭maj7 D5
Disintegrating.
E♭maj7 D5 E♭maj7 D5
Christine, Christine.
E♭maj7 D5 E♭maj7 D5
Disintegrating.

‖: E♭maj7 | D5 :‖

| E♭maj7 ‖

Cigarettes & Alcohol

Words & Music by Noel Gallagher

E5 F♯ A5 F♯7add11 Dsus2 A Cadd9 B7

Intro | E5 | E5 | E5 | E5 | E5 | E5 |

| F♯ | A5 | E5 | E5 | E5 | E5 ||

Verse 1

E5
Is it my imagination
F♯7add11 A5 E5
Or have I finally found something worth living for?
E5
I was looking for some action
F♯7add11 A5 E5
But all I found was cigarettes and alcohol.

Bridge 1

A5 E5
You could wait for a lifetime
A5 E5
To spend your days in the sunshine,
A5 E5
You might as well do the white line.
Dsus2 A
'Cause when it comes on top:

Chorus 1

E5 Dsus2
You gotta make it happen,
A E5 Dsus2
You gotta make it happen,
A E5 Dsus2
You gotta make it happen,
A E5 | Dsus2 A | Cadd9 | B7 ||
You gotta make it happen.

Instrumental 1 | E5 | E5 | E5 | E5 | E5 | E5 |

| F♯ | A5 | E5 | E5 | E5 | E5 ||

Verse 2

```
    E5
Is it worth the aggravation
   F♯7add11
To find yourself a job
                A5                          E5
When there's nothing worth working for?
    E5
It's a crazy situation,
     F♯7add11      A5                    E5
But all I need are cigarettes and alcohol.
```

Bridge 2 As Bridge 1

Chorus 2 As Chorus 1

Instrumental 2 ‖: E5 | Dsus2 A | E5 | Dsus2 A :‖

Chorus 3

```
E5                  Dsus2       A
You gotta, you gotta, you gotta make it,
E5                  Dsus2       A
You gotta, you gotta, you gotta fake it.
E5                  Dsus2       A
You gotta, you gotta, you gotta make it,
E5                  Dsus2       A
You gotta, you gotta, you gotta fake it.
```

Play 4 times

Guitar solo ‖: E5 | Dsus2 A | E5 | Dsus2 A :‖ E5 ‖

Cold Turkey

Words & Music by John Lennon

Em/A D/A C/A Bm/A A5 C5 G5

Intro | Em/A | D/A | C/A | Bm/A ||

Verse 1
A5
Temperature's rising, fever is high.
Can't see no future, can't see no sky.
My feet are so heavy, so is my head.
I wish I was a baby, I wish I was dead.

Chorus 1
C5 G5 N.C. Em/A | D/A | C/A | Bm/A
Cold turkey has got me on the run.

Verse 2
A5
My body is aching, goose pimple bone.
Can't see nobody, leave me alone.
My eyes are wide open, can't get to sleep.
One thing I am sure of, I'm in at the deep freeze.

Chorus 2 As Chorus 1

Guitar solo |: A5 :| *Play 8 times*

Chorus 3 As Chorus 1

Verse 3

A5
Thirty-six hours rolling in pain.

Praying to someone free me again.

Oh, I'll be a good boy, please make me well.

I promise you anything, get me out of this hell.

Chorus 4 As Chorus 1

Outro ‖: A5 | A5 | A5 | A5 :‖ *Repeat ad lib. to fade*

Crazy Crazy Nights

Words & Music by Paul Stanley & Adam Mitchell

G Gsus4 D C G/B
Cadd9 Dsus4 Am7 Em7 Bm7
Em B♭ F Gm E♭

Intro
| G Gsus4 G D | C G/B D |
Whoa!

Spoken
G Gsus4 G C G/B D
Here's a little song for everybody out there.

Verse 1
G Gsus4 G D C G/B D G Gsus4 G | C G/B D |
People try to take my soul away,
G Gsus4 G D C G/B D G Gsus4 G | C G/B D
But I don't hear the rap that they all say.
Cadd9 Dsus4
They try to tell us we don't belong,
Am7 Em7 Dsus4
That's alright, we're millions strong.
Am7 Bm7
This is my music, it makes me proud,
Cadd9 Am7 D
These are my people and this is my crowd.

Chorus 1
G D Em Cadd9 D C D
These are crazy, crazy, crazy, crazy nights.
G D Em Cadd9 D C D C
These are crazy, crazy, crazy, crazy nights.

Verse 2
G Gsus4 G D C G/B D G Gsus4 G | C G/B D
Sometimes days are so hard to survive:
G Gsus4 G C G/B D G Gsus4 G | C G/B D |
A million ways to bu - ry you alive.
Cadd9 Dsus4
The sun goes down like a bad, bad dream;

```
            Am7                         Em7   Dsus4
cont.       You're wound up tight, gotta let off steam.
              Am7                          Bm7
            They say they can break you again and again.
              Cadd9          Am7      D
            If life is a radio, turn up to ten.

                    G     D     Em    Cadd9  D        C  D
Chorus 2    These are crazy, crazy, crazy, crazy    nights.
                    G     D     Em    Cadd9  D        C  D
            These are crazy, crazy, crazy, crazy    nights.

                    B♭    F     Gm    E♭     F        E♭ F
Chorus 3    These are crazy, crazy, crazy, crazy nights.
                    B♭    F     Gm    E♭     F        E♭ F
            These are crazy, crazy, crazy, crazy nights.

Guitar solo ‖: G  Dsus4 | Em7  Cadd9 | D      | D      :‖

                 Cadd9                  Dsus4
Verse 3     And they try to tell us that we don't belong,
                Am7                  Em7     Dsus4
            But that's alright, we're millions strong.
            Am7                   Bm7
            You are my people, you are my crowd,
            Cadd9              D                 C
            This is our music, we love it loud.

Link        | G  Gsus4  G      D | C  G/B  D  |
Spoken                    Yeah,
            G      Gsus4    G                    C  G/B  D
              And nobody's gonna change me,
            G           Gsus4     G       C  G/B
              'Cause that's who I am.

              C     D  G     D     Em    Cadd9  D        C  D
Chorus 4    ‖: These are crazy, crazy, crazy, crazy    nights.
                    G     D     Em    Cadd9  D        C  D
            These are crazy, crazy, crazy, crazy    nights.     :‖

                      B♭    F     Gm    E♭     F        E♭ F
Chorus 5    ‖: These are crazy, crazy, crazy, crazy nights.
                    B♭    F     Gm    E♭     F        E♭ F
            These are crazy, crazy, crazy, crazy nights.        :‖
```

Repeat to fade

Dancing In The Moonlight

Words & Music by Phil Lynott

Em7 fr7 D fr5 C fr3 G fr3 G/B

Intro ‖: Em7 | D | C | G :‖

Verse 1

Em7 D
When I passed you in the doorway,
C G
Well, you took me with a glance.
Em7 D
I should have took that last bus home,
C G
But I asked you for a dance.
Em7 D
Now, we go steady to the pictures,
C G
I al - ways get chocolate stains on my pants.
Em7 D
And my father he's going crazy,
C G
He says I'm living in a trance.

Chorus 1

G/B Em7
But I'm dancing in the moonlight,
D C
It's caught me in its spotlight.
G G/B Em7
(It's all right) dancing in the moonlight
D C G
On this long hot summer night.

Verse 2

Em7 D
It's three o'clock in the morning
C G
And I'm on the streets a - gain.

```
              Em7                      D
cont.            I disobeyed another warning,
               C                         G
              I should have been in by ten.
                   Em7                   D
              Now, I won't get out 'til Sunday,
                        C                  G
              I'll have to say I stayed with friends.
              Em7                        D
              Oh, but it's a habit worth forming,
                 C                      G
              If it means to justify the end.

              G/B            Em7
Chorus 2      Dancing in the moonlight,
              D                      C
                 It's caught me in its spotlight.
                 G       G/B              Em7
              (It's all right) dancing in the moonlight
              D             C                G
                 On this long hot summer night.

Bridge        | Em7    | D      | C      | G      |

              (G)    G/B     Em7    D    C    G
              And I'm walking home,
                     G/B    Em7        D    C    G
              The last bus has long gone,
                     Em7                 D    C    G
              But I'm dancing in the moon - light.

Solo          |: Em7   | D      | C      | G      :|  Play 4 times

Chorus 3      As Chorus 2

                 G/B            Em7
Chorus 4      |: Dancing in the moonlight,
              D                C
              It's caught me in its spotlight.
              G/B            Em7
              Dancing in the moonlight
              D          C                 G    G/B
              On this long hot summer night.         :|  Repeat ad lib. to fade
```

Danger! High Voltage

Words & Music by Tyler Spencer, Joseph Frezza, Stephen Nawara, Anthony Selph & Cory Martin

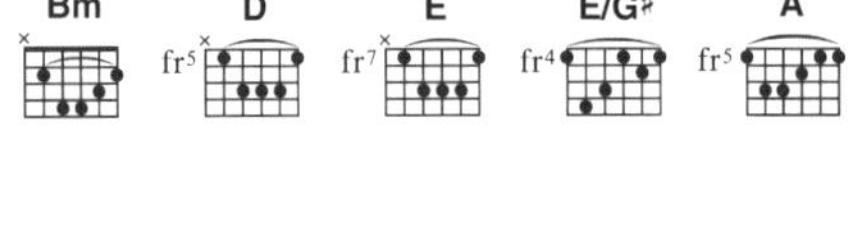


```
Intro       | Bm  | Bm  | Bm  | Bm  | Bm  | Bm  |

            Bm                 D
Verse 1     Fire in the disco,
            E                Bm    E/G♯   A
            Fire in the Taco Bell.
            Bm                 D
            Fire in the disco,
            E                      Bm        E/G♯   A
            Fire in the gates of hell.

            Bm                                           D
Verse 2     Don't you wanna know how we keep starting fires?
            E                              Bm             E/G♯   A
               It's my desire, it's my desire, it's my desire.
            Bm                                           D
            Don't you wanna know how we keep starting fires?
                        E
            It's my desire, it's my desire,
            Bm           E/G♯   A
               It's my desire.

            Bm                 D
Chorus 1    Danger, danger!    High voltage,
            E                      Bm           E/G♯   A
               When we touch,      when we kiss.
            Bm                 D
            Danger, danger!    High voltage,
            E                                 Bm              E/G♯   A
               When we touch, when we kiss, when we touch.
```

Chorus 2

```
Bm               D
Danger, danger!    High voltage,
E                   Bm             E/G♯  A
   When we touch,     when we kiss.
Bm               D
Danger, danger!    High voltage,
E                             Bm
   When we touch, when we kiss,
          E/G♯  A
When we touch, when we (kiss).
```

Play 4 times

Guitar Solo

```
|: Bm          | D          | E          | Bm  E/G♯  A :|
   kiss.
```

Verse 3

```
      Bm                                             D
Well, don't you wanna know how we keep starting fires?
E                Bm           E/G♯  A
   It's my desire,     it's my desire.
Bm                                              D
Don't you wanna know how we keep starting fires?
E                Bm           E/G♯  A
   It's my desire,     it's my desire.
```

Chorus 3 As Chorus 1

Chorus 4 As Chorus 1

Sax Solo

```
|: Bm          | D          | E          | Bm  E/G♯  A :|
```

Verse 4

```
Bm
Fire in the disco,
D
Fire in the disco,
E                Bm  E/G♯  A
Fire in the Taco Bell.
Bm                 D
Fire in the disco,
D
Fire in the disco,
E                  Bm       E/G♯  A
Fire in the gates of hell.
```

Outro

```
| Bm          | D          | E          | Bm  E/G♯  A |
                The gates of hell.

|: Bm          | D          | E          | Bm  E/G♯  A :|
```

Repeat to fade

Do Or Die

Words & Music by Huw Bunford, Gruff Rhys,
Cian Ciaran, Dafydd Ieuan & Guto Pryce

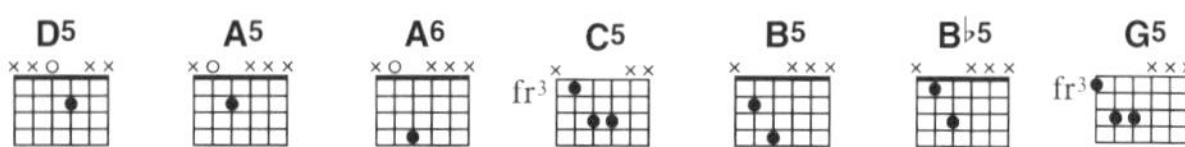

To match original recording, tune slightly sharp

```
                         A riff
                      ┌──────────┐
Intro      D5  A5 ||: A5 A6 A5 A6 | A5 A6 D5  A5  :||  Play 4 times

           A riff
Verse 1      I got you, you got me,
                  D5         A5
           We got plenty to see.
           A riff                 D5     A5
             Let's sail the ocean, fancy free.
           A riff                     D5  A5
             We could ride the camel,
           A riff
             One hump or two?

                D5    C5            B5
Chorus 1   If we do or die we should try,
                     B♭5        A5
           If we don't try I say bye-bye
                          C5
           And if I say bye-bye
                      B5          B♭5        A5
           I'll wonder why we didn't try to do or die.
                     A riff
           Yeah, yeah, yeah.
```

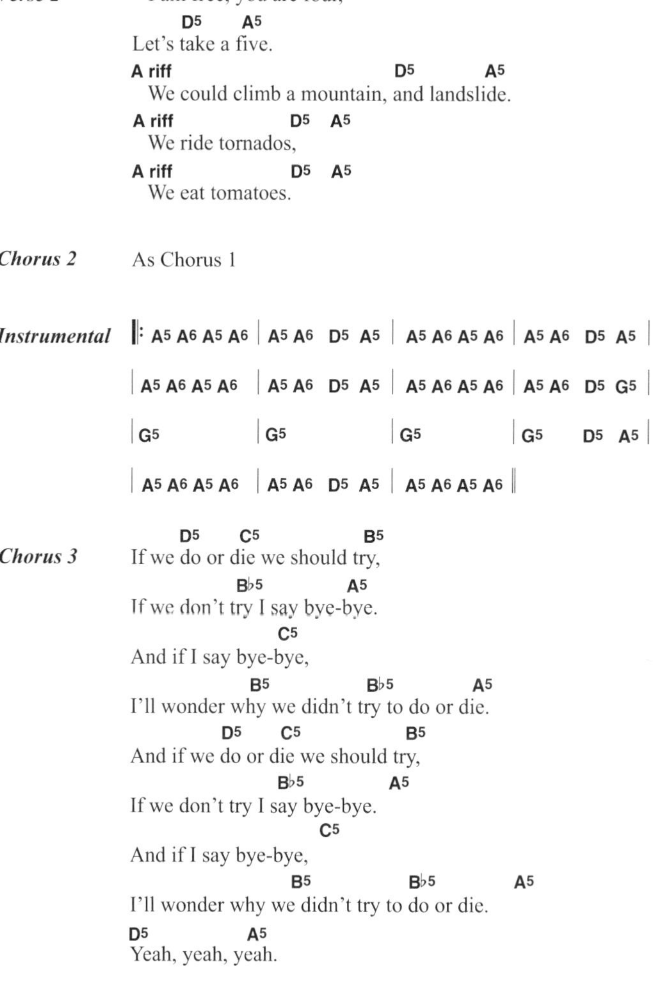

Verse 2

A riff
I am free, you are four,
D5 A5
Let's take a five.
A riff D5 A5
We could climb a mountain, and landslide.
A riff D5 A5
We ride tornados,
A riff D5 A5
We eat tomatoes.

Chorus 2

As Chorus 1

Instrumental

: A5 A6 A5 A6	A5 A6 D5 A5	A5 A6 A5 A6	A5 A6 D5 A5
A5 A6 A5 A6	A5 A6 D5 A5	A5 A6 A5 A6	A5 A6 D5 G5
G5	G5	G5	G5 D5 A5
A5 A6 A5 A6	A5 A6 D5 A5	A5 A6 A5 A6	

Chorus 3

D5 C5 B5
If we do or die we should try,
B♭5 A5
If we don't try I say bye-bye.
C5
And if I say bye-bye,
B5 B♭5 A5
I'll wonder why we didn't try to do or die.
D5 C5 B5
And if we do or die we should try,
B♭5 A5
If we don't try I say bye-bye.
C5
And if I say bye-bye,
B5 B♭5 A5
I'll wonder why we didn't try to do or die.
D5 A5
Yeah, yeah, yeah.

Don't Bring Me Down

Words & Music by Johnnie Dee

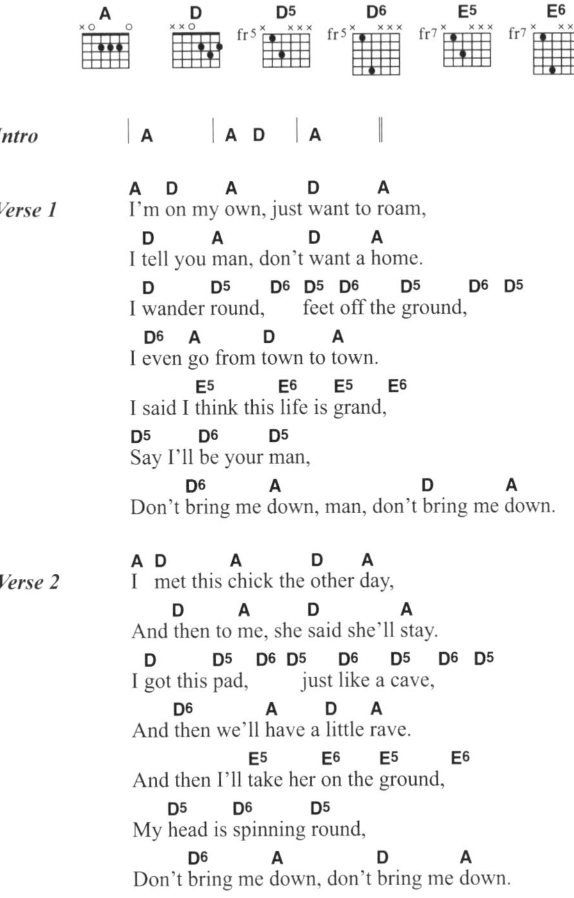
A
D
D5
fr5
D6
fr5
E5
fr7
E6
fr7
Intro
| A | A D | A ||
Verse 1
A D A D A
I'm on my own, just want to roam,
D A D A
I tell you man, don't want a home.
D D5 D6 D5 D6 D5 D6 D5
I wander round, feet off the ground,
D6 A D A
I even go from town to town.
E5 E6 E5 E6
I said I think this life is grand,
D5 D6 D5
Say I'll be your man,
D6 A D A
Don't bring me down, man, don't bring me down.
Verse 2
A D A D A
I met this chick the other day,
D A D A
And then to me, she said she'll stay.
D D5 D6 D5 D6 D5 D6 D5
I got this pad, just like a cave,
D6 A D A
And then we'll have a little rave.
E5 E6 E5 E6
And then I'll take her on the ground,
D5 D6 D5
My head is spinning round,
D6 A D A
Don't bring me down, don't bring me down.

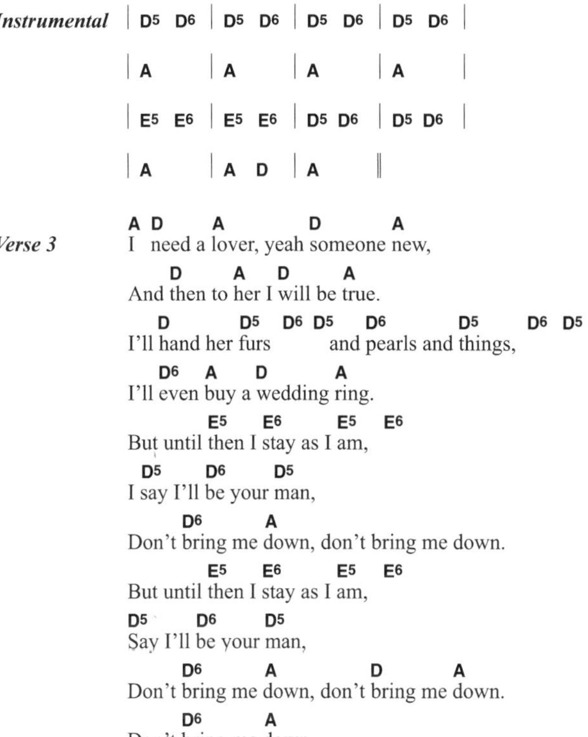

Instrumental

```
| D5  D6 | D5  D6 | D5  D6 | D5  D6 |
| A      | A      | A      | A      |
| E5  E6 | E5  E6 | D5 D6  | D5 D6  |
| A      | A  D   | A      ||
```

Verse 3

```
A D     A            D        A
I  need a lover, yeah someone new,
     D        A    D       A
And then to her I will be true.
    D           D5   D6 D5     D6            D5       D6  D5
I'll hand her furs          and pearls and things,
    D6   A    D          A
I'll even buy a wedding ring.
          E5     E6        E5    E6
But until then I stay as I am,
 D5       D6       D5
I say I'll be your man,
        D6           A
Don't bring me down, don't bring me down.
          E5     E6        E5    E6
But until then I stay as I am,
D5        D6       D5
Say I'll be your man,
        D6           A             D          A
Don't bring me down, don't bring me down.
        D6           A
Don't bring me down.
```

Dream On

Words & Music by Steven Tyler

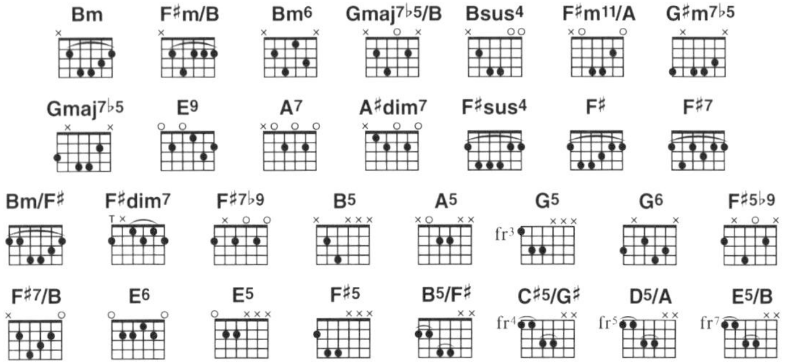

Bm F♯m/B Bm6 Gmaj7♭5/B Bsus4 F♯m11/A G♯m7♭5
Gmaj7♭5 E9 A7 A♯dim7 F♯sus4 F♯ F♯7
Bm/F♯ F♯dim7 F♯7♭9 B5 A5 G5 G6 F♯5♭9
F♯7/B E6 E5 F♯5 B5/F♯ C♯5/G♯ D5/A E5/B

Capo sixth fret

Intro | Bm F♯m/B | Bm6 Gmaj7♭5/B | Bm Bsus4 | Bm |
| Bm F♯m11/A | G♯m7♭5 Gmaj7♭5 | Bm Bsus4 | Bm |
| E9 | A7 A♯dim7 | Bm | Bm |

Verse 1

```
Bm        F♯m/B      Bm6         Gmaj7♭5/B
   Every time that I look in the mirror,
Bm             F♯m/B        Bm6          Gmaj7♭5/B
   All these lines on my face gettin' clearer.
Bm   F♯m/B                  Bm6     Gmaj7♭5/B
               The past is gone,
Bm      F♯m/B  Bm6       Gmaj7♭5/B
It went by  like    dust to dawn.
G♯m7♭5             F♯sus4  F♯
   Isn't that the way,
G♯m7♭5                   Gmaj7♭5        F♯7      Bm/F♯    F♯dim7    F♯7♭9
Everybody's got their dues in life to pay.
```

Chorus 1

```
B5                 A5
   I know what nobody knows,
G5                     A5
Where it comes and where it goes.
B5                A5
   I know it's everybody's sin,
G5                    A5              (Bm)
You got to lose to know how to win.

| Bm    F♯m/B    | Bm6    Gmaj7♭5/B | Bm    Bsus4    | Bm    |
```

Verse 2

```
Bm           F♯m/B  Bm6               Gmaj7♭5/B
   Half my life's in books' written pages,
Bm            F♯m/B      Bm6              Gmaj7♭5/B
   Live and learn from fools and from sages.
Bm   F♯m/B                 Bm6      Gmaj7♭5/B
                  You know it's true,
Bm         F♯m/B  Bm6              Gmaj7♭5/B
   All the things      come back to you.
```

Chorus 2

```
B5                   A5
   Sing with me, sing for the year,
G5                           A5
Sing for the laughter, sing for the tear.
B5                           A5
   Sing with me, if it's just for today,
G♯m7♭5                    G6                        F♯5♭9
Maybe tomorrow, the good Lord will take you away.
```

Instrumental

```
| Bm    F♯7/B       | F♯m/B   E6      | A7    A♯dim7 |

| Bm    Bsus4 Bm    | Bm     F♯7/B    | F♯m/B    E6     | A7    A♯dim7 |
```

Chorus 3 As Chorus 2

Bridge

```
E5             F♯5           G5
   Dream on,     dream on,     dream on,
A5                                   B5/F♯
Dream yourself a dream come true.
E5           F♯5           G5
Dream on,     dream on,     dream on,
A5                                    B5/F♯
Dream until your dream comes true.
E5             F♯5           G5             A5
   Dream on,     dream on,     dream on,     dream on,
B5/F♯          C♯5/G♯        D5/A           E5/B               F♯5♭9
   Dream on,     dream on,     dream on,    dream on, oh.
```

Chorus 4

```
B5                 A5
   Sing with me, sing for the year,
G5                        A5
Sing for the laughter sing for the tear.
B5                          A5
   Sing with me, if it's just for today,
G5                           A5
Maybe tomorrow, the good Lord will take you away.
```

Chorus 5 As Chorus 2 *To fade*

Fat Bottomed Girls

Words & Music by Brian May

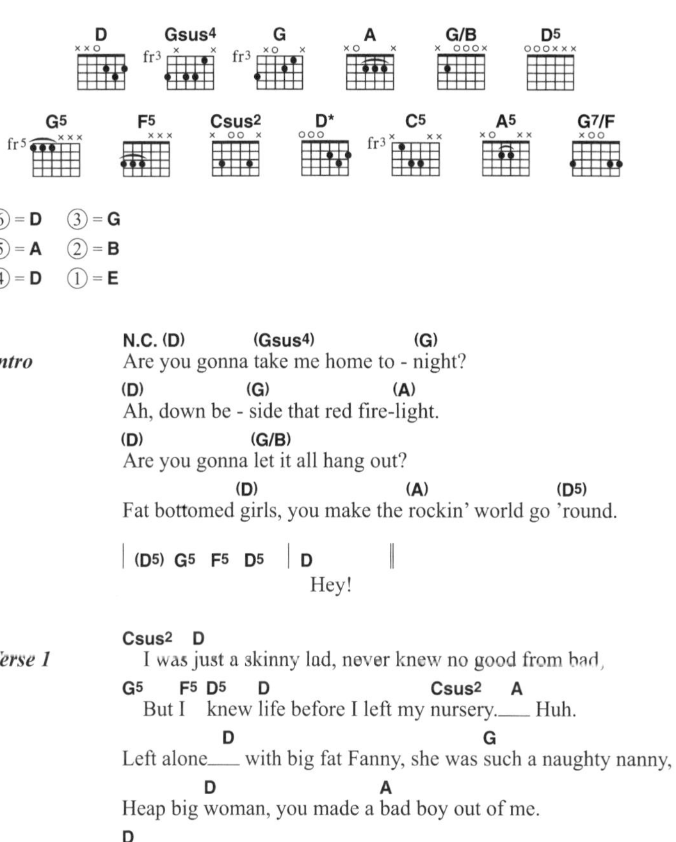

⑥ = D ③ = G
⑤ = A ② = B
④ = D ① = E

Intro

N.C. (D) (Gsus4) (G)
Are you gonna take me home to - night?
(D) (G) (A)
Ah, down be - side that red fire-light.
(D) (G/B)
Are you gonna let it all hang out?
(D) (A) (D5)
Fat bottomed girls, you make the rockin' world go 'round.

| (D5) G5 F5 D5 | D ||
Hey!

Verse 1

Csus2 D
I was just a skinny lad, never knew no good from bad,
G5 F5 D5 D Csus2 A
But I knew life before I left my nursery.___ Huh.
D G
Left alone___ with big fat Fanny, she was such a naughty nanny,
D A
Heap big woman, you made a bad boy out of me.
D
Hey, hey!

Verse 2

D5
I've been singin' with my band 'cross the water, 'cross the land,
G5 F5 D5 D Csus2 A
I seen every blue-eyed floozy on the way.___ Hey.
D5 G
But their beauty and their style went kind of smooth___ after a whi
D5 A D5
Take me to___ them dirty la - dies every time.___ Shout!

Chorus 1

D* C5 G/B
Oh, won't you take me home to - night?
D* C5 G/B A
Oh, down beside___ your red___ fire-light.
D* G
Oh, and you give it all you've got,
D5 A5 D
Fat bottomed girls,___ you make the rockin' world go 'round.
G5 F5 D5 A5 D
Fat bottomed girls, you make the rockin' world go 'round.

| G7/F G/B D | A D | G/B D |

A G5
Hey, listen here, ah.

Verse 3

D
Now, I got mortgages and homes, I got stiffness in my bones,
G5 F5 D5 D Csus2 A
Ain't no beauty queens in this lo - cality.___ I tell ya.
D G
Oh, but I___ still get my pleasure, still got my greatest treasure,
D A D5
Heap big woman, you gonna make___ a big man out of me.

Now get this.

Chorus 2

D* C5 G/B
Oh, I know. (You gonna take me home tonight?) Please.

D* C5 G/B A
Oh, down beside___ that red___ fire-light.

D* G
Oh, you gonna let it all hang out,

D5 A5 D5
Fat bottomed girls,___ you make the rockin' world go 'round.

G5 D A5 D5
Yeah, fat bottomed girls,___ you make the rockin' world go 'round.

Get on your bikes and ride.

Outro

D*
Ooh, yeah, uh. Oh, yeah.

Them fat bottomed girls, they get me. Yeah, yeah, yeah.

All right, ride 'em cowboy. Woo! (Fat bottomed girls.) Yes, yes!

| D | D | D | D |

| D | D | D Csus2 G/B | D |

| D Csus2 G/B | D* | D* ‖ *To fade*

Eighteen

Words & Music by Alice Cooper, Michael Bruce,
Dennis Dunaway, Neal Smith & Glen Buxton

Em C D Am B

Intro
Em	C D	Em	C D
Am	B	C	D
Em	C D	

Verse 1
Em C D
Lines form on my face and hands,
Em C D
Lines form from the ups and downs.
C D
I'm in the middle with - out any plans,
Em C D
I'm a boy and I'm a man.

Chorus 1
(D) Em C D
I'm eighteen and I don't know what I want,
Em C D
Eighteen, I just don't know what I want.
Em C D
Eighteen, I gotta get away.
Am B
I've gotta get out of this place,
C D (Em)
I'll go running in outer space, oh yeah.

Verse 2
(D) Em C D
I got a baby's brain and an old man's heart,
Em C D
Took eighteen years to get this far.
C D
Don't always know what I'm talking about,
Em C D
Feels like I'm living in the middle of doubt.

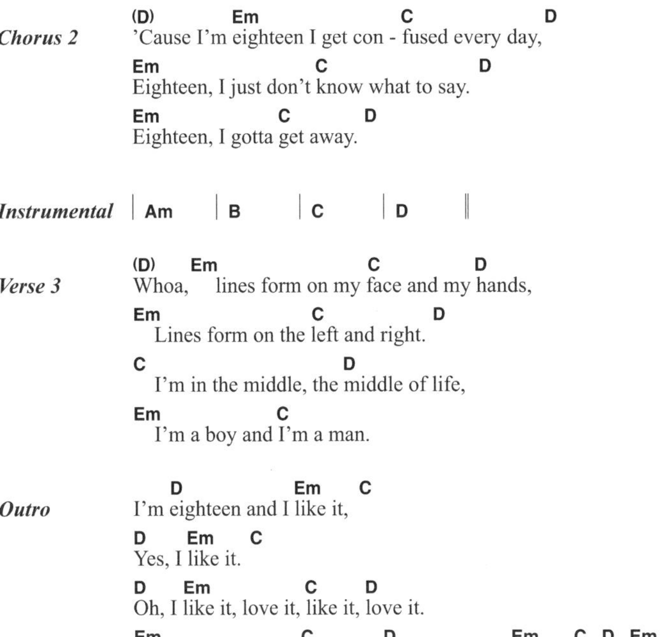
Chorus 2
(D) Em C D
'Cause I'm eighteen I get con - fused every day,
Em C D
Eighteen, I just don't know what to say.
Em C D
Eighteen, I gotta get away.
Instrumental
| Am | B | C | D ||
Verse 3
(D) Em C D
Whoa, lines form on my face and my hands,
Em C D
Lines form on the left and right.
C D
I'm in the middle, the middle of life,
Em C
I'm a boy and I'm a man.
Outro
D Em C
I'm eighteen and I like it,
D Em C
Yes, I like it.
D Em C D
Oh, I like it, love it, like it, love it.
Em C D Em C D Em
Eighteen, eighteen, eighteen, eighteen and I like it.

Eternal Life

Words & Music by Jeff Buckley

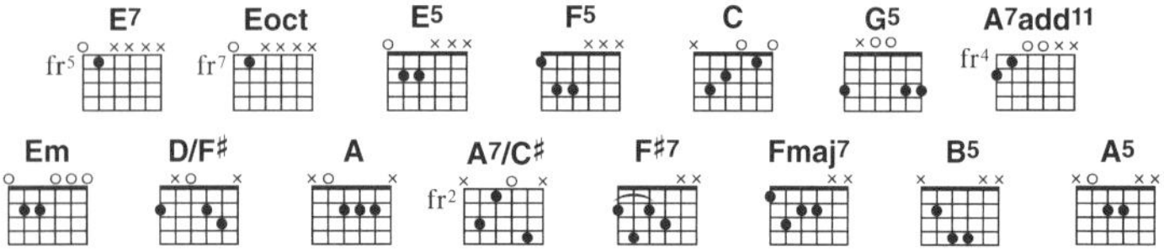

E7 Eoct E5 F5 C G5 A7add11

Em D/F# A A7/C# F#7 Fmaj7 B5 A5

```
Intro      | E7  Eoct      | E7  Eoct      | E7  Eoct      | E7  Eoct      |

           | E7  Eoct      | E7  Eoct      | E7  Eoct      | E7  Eoct      |

           ||: E5      F5  | E5        F5  | E5        F5  | E5        F5 :||
```

```
           C             G5             F5          A7add11
Verse 1        Eternal life is now on my trail.
                 C                            G5            F5           A7add11
           Got my red glitter coffin man,     just need one last nail.
                C                            G5                  F5         A7add11
           While all these ugly gentlemen play out their foolish games,
                     C                   G5                       F5     A7add11
           There's a flaming red horizon that screams our names.
```

```
           G5
Chorus 1       And as your fantasies are broken in two,
                       Em
           Did you really think this bloody road would pave the way for you?
                            D/F#                                      A
           You'd better turn around and blow your kiss hello to life eternal,
           Em
           Angel.
```

```
           C              G5                          F5     A7add11
Verse 2        Racist everyman, what have you done?
           C                             G5                 F5      A7add11
               Man, you've made a killer of your unborn son.
            C                            G5                     F5      A7add11
           Oh, crown my fear your king at the point of a gun,
           C                G5                 F5   A7add11
           All I want to do is love ev-'ry - one.
```

Chorus 2

G5
And as your fantasies are broken in two,
Em
Did you really think this bloody road would pave the way for you?
D/F♯ A
You'd better turn around and blow your kiss hello to life eternal,

Instrumental

| A7/C♯ | C | F♯7 | Fmaj7 |
(Oh…)
| B5 | A5 | A5 | A5 | A5 | A5 ‖

Bridge

A7/C♯ C F♯7 Fmaj7
There's no time for hatred, only questions.
B5 A5 G5 F5
What is love? Where is happiness? What is life? Where is peace?
E5
When will I find the strength to bring me release?

Verse 3

C G5 F5 A5
Tell me, where is the love in what your prophet has said?
C G5 F5 A5
Man, it sounds to me just like a prison for the walking dead.
C G5 F5 A5
And I've get a message for you and your twisted hell,
C G5
Oh, you'd better turn around and blow your kiss goodbye
F5
To life eternal,
A5
Angel.

Coda

G5	G5 D/F♯	Em	Em
D/F♯	A5	G5	G5
Em	Em	D/F♯	A5
Em ‖

Gimme Danger

Words & Music by James Osterberg & James Williamson

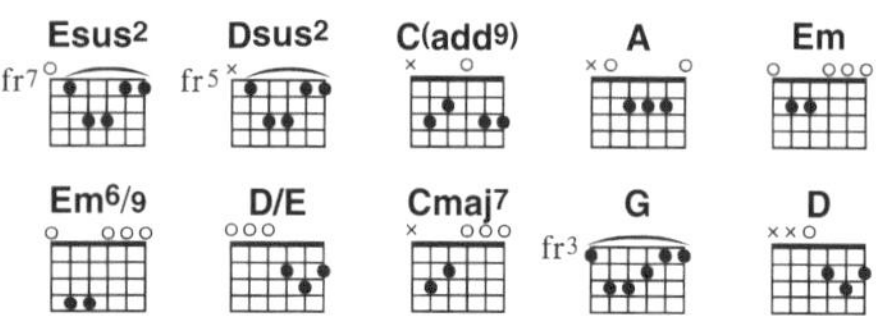

To match original recording tune guitar down a semitone

Intro

| Esus2 Dsus2 | C(add9) A ||

|: Em Em6/9 Em | D/E Cmaj7 | Em Em6/9 Em | D/E Cmaj7 :|

Verse 1

```
(Cmaj7)  Em  Em6/9  Em  D/E        Cmaj7
Gimme    danger,    little stranger
          Em   Em6/9  Em  D/E      Cmaj7
And I'll give you     a    piece.
          Em     Em6/9  Em    D/E          Cmaj7
Gimme danger,           little stranger
          Em  Em6/9  Em        D/E    Cmaj7
And I'll feel        your di - sease.
          Dsus2            Esus2
There's nothing in my dreams,
             C(add9)       A
Just some ugly memo - ries.
Dsus2    Esus2   C(add9)  A
Kiss me like the ocean    breeze.
```

Link 1

| Em Em6/9 Em | D/E Cmaj7 | Em Em6/9 Em | D/E Cmaj7 |

Verse 2

```
(Cmaj7)   Em   Em6/9  Em   D/E     Cmaj7
Now,    if you will    be   my    lover
        Em   Em6/9  Em    D/E    Cmaj7
I will shiver       in  -  sane.
         Em   Em6/9  Em  D/E    Cmaj7
But if you  can be my master,
        Em   Em6/9  Em    D/E    Cmaj7
I will do           any - thing.
```

cont.

Dsus2 Esus2
There's nothing left to life,

C(add9) A
But a pair glassy eyes.

Dsus2 Esus2 C(add9) A
Raze my feelings one more time.

Link 2

| Em Em6/9 Em | D/E Cmaj7 | Em Em6/9 Em | D/E Cmaj7 ||

Bridge

Em G
Find a little strip and find a little stranger,

D Em
Yeah, you're gonna feel my hand.

G
Said, I got a little angel, want a little danger,

D Em
Honey, you're gonna feel my hand.

D Em
Swear you're gonna feel my hand.

D Em
I swear you're gonna feel my hand.

Link 3

| Em | Em | Dsus2 | Dsus2 |

| C(add9) | C(add9) | A | A ||

Outro

(A) Em Dsus2
||: Gimme dan - ger,

C(add9) A
Little stran - ger. :|| *Play 4 times*

(A) Em Dsus2
Can you feel me?

C(add9)
You gotta feel me.

A
You gotta feel this,

Em
Little stranger.

Hand In Glove

Words & Music by Morrissey & Johnny Marr

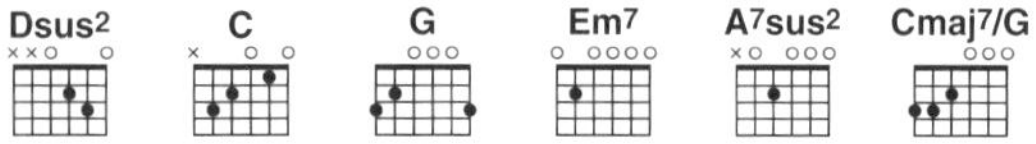

Dsus2 C G Em7 A7sus2 Cmaj7/G

Intro ‖: Dsus2 | C G | Dsus2 | C G :‖ *Play 3 times*

Verse 1

```
Em7          A7sus2  C
   Hand in glove,
      Em7                          A7sus2   Cmaj7/G
The sun shines out of our be - hinds.
          Em7                   A7sus2
No it's not like any other love,
C             Em7                     A7sus2   Cmaj7/G
This one is different because it's us!
```

Verse 2

```
Em7          A7sus2  C
   Hand in glove,
            Em7                 A7sus2   Cmaj7/G
We can go wherever we please.
       Em7              A7sus2     C
And everything de - pends up - on
        Em7               A7sus2  Cmaj7/G
How near you stand to me.
```

Verse 3

```
Em7              A7sus2  C
   And if the people stare,
              Em7        A7sus2
Then the people stare.
Cmaj7/G  Em7
Oh,  I    really don't know
                          A7sus2  C  Em7    A7sus2  Cmaj7/G
And I really don't care.
```

Instrumental 1 ||: Dsus2 | C G | Dsus2 | C G :||

Verse 4

Em7 A7sus2 C
Hand in glove,

Em7 A7sus2
The good people laugh.

Cmaj7/G Em7 A7sus2
Yes, we may be hidden by 'rags'

C Em7 A7sus2 Cmaj7/G
But we have something they'll never have.

Verse 5

Em7 A7sus2 C
Hand in glove,

Em7 A7sus2
The sun shines out of our be - hinds.

Cmaj7/C Em7 A7sus2
Yes, we may be hidden by 'rags'

C Em7 A7sus2 Cmaj7/G
But we have something they'll never have.

Verse 6

Em7 A7sus2 C
And if the people stare,

Em7 A7sus2
Then the people stare.

Cmaj7/C Em7
Oh, I really don't know

A7sus2 C Em7 A7sus2 Cmaj7/G
And I really don't care.

Instrumental 2 ||: Dsus2 | C G | Dsus2 | C G :||

Verse 7

Em7 A7sus2 C
So hand in glove I stake my claim,

Em7 A7sus2
I'll fight to the last breath.

Cmaj7/C Em7 A7sus2
If they dare touch a hair on your head,

C Em7 A7sus2
I'll fight to the last breath.

Verse 8

```
Cmaj7/G  Em7                          A7sus2   C
For  the   good life is out there some - where
    Em7                          A7sus2     Cmaj7/C
So stay on my arm, you little charmer.
      Em7                     A7sus2   C
But I know my luck too well,
      Em7                A7sus2    Cmaj7/C
Yes, I know my luck too well.
         Em7                           A7sus2   C
And I'll probably never see you a - gain,
    Em7                            A7sus2   C
I'll probably never see you a - gain,
    Em7               A7sus2  C        Em7     A7sus2  Cmaj7/G
I'll probably never see        you a - gain.
```

Instrumental 3 ||: Dsus2 | C G | Dsus2 | C G :|| *Repeat to fade*

Holy Diver

Words & Music by Ronnie Dio

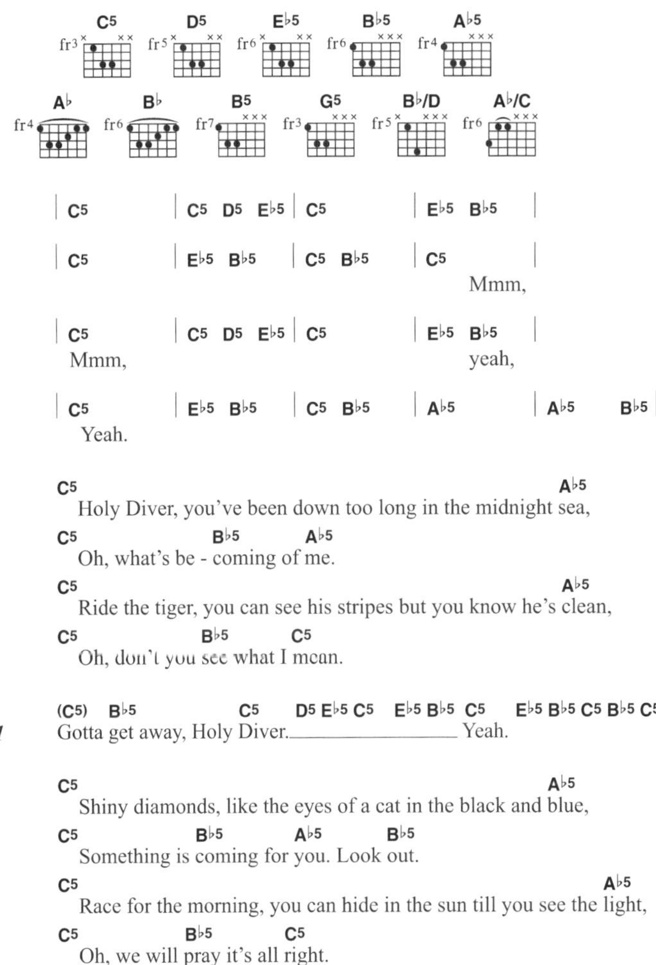
C5 D5 E♭5 B♭5 A♭5
A♭ B♭ B5 G5 B♭/D A♭/C
fr3 fr5 fr6 fr6 fr4
fr4 fr6 fr7 fr3 fr5 fr6
Intro
| C5 | C5 D5 E♭5 | C5 | E♭5 B♭5 |
| C5 | E♭5 B♭5 | C5 B♭5 | C5 |
Mmm,
| C5 | C5 D5 E♭5 | C5 | E♭5 B♭5 |
Mmm, yeah,
| C5 | E♭5 B♭5 | C5 B♭5 | A♭5 | A♭5 B♭5 ||
Yeah.
Verse 1
C5 A♭5
Holy Diver, you've been down too long in the midnight sea,
C5 B♭5 A♭5
Oh, what's be - coming of me.
C5 A♭5
Ride the tiger, you can see his stripes but you know he's clean,
C5 B♭5 C5
Oh, don't you see what I mean.
Chorus 1
(C5) B♭5 C5 D5 E♭5 C5 E♭5 B♭5 C5 E♭5 B♭5 C5 B♭5 C5
Gotta get away, Holy Diver.________________ Yeah.
Verse 2
C5 A♭5
Shiny diamonds, like the eyes of a cat in the black and blue,
C5 B♭5 A♭5 B♭5
Something is coming for you. Look out.
C5 A♭5
Race for the morning, you can hide in the sun till you see the light,
C5 B♭5 C5
Oh, we will pray it's all right.

Chorus 2

(C5) A♭ B♭ B5
Gotta get away, get a - way.

Bridge

C5 B♭5 A♭5 B♭5
Be - tween the velvet lies,
C5 B♭5 G5 B♭5
There's a truth that's hard as steel, yeah.
C5 B♭5 A♭5 B♭5
The vision never dies,
C5 B♭5 A♭5
Life's a never ending wheel. Sing.

Verse 3

C5 A♭5
Holy Diver, you're the star of the masque - rade,
C5 B♭5 A♭5 B♭5
No need to look so a - fraid. Jump, jump,
C5 A♭5
Jump on the tiger, you can feel his heart but you know he's mean.
C5 B♭5 A♭5
Some light can never be seen, yeah.

Instrumental

B♭5 C5	N.C.	E♭5 C5	N.C.
C5	N.C.	E♭5 C5	E♭5 B♭/D
B♭5 C5	N.C.	E♭5 C5	N.C.
B♭5 C5	N.C.	E♭5 C5	E♭5 F5
B♭5 C5	N.C.	E♭5 C5	N.C.
C5	N.C.	E♭5 C5	E♭5 B♭/D
A♭5	A♭5	B♭5	B♭5
A♭/C	A♭/C	B♭/D	E♭5 B♭/D
A♭5	A♭5	B♭5	C5 B♭5	

Verse 4

C5 A♭5
Holy Diver, you've been down too long in the midnight sea,
C5 B♭5 A♭5 B♭5
Oh, what's be - coming of me. No, no.
C5 A♭5
Ride the tiger, you can see his stripes but you know he's clean,
C5 B♭5 C5
Oh, don't you see what I mean.

Chorus 3

(C5) A♭ B♭
Gotta get away, get a - way.
A♭ B♭ B5 (C5)
Gotta get away, get a - way,___ yeah.

Outro

C5 D5 E♭5 C5 E♭5 B♭5 C5 D5 E♭5 C5 E♭5
Holy Diver, soul survi - vor, you're the one who's clean.
D5 C5 D5 E♭5 C5 E♭5 B♭5
Holy Diver, Holy Diver,
C5 D5 E♭5 C5
There's a cat in the blue coming af - ter you, Holy Diver.
E♭5 D5 C5 D5 E♭5 C5 E♭5 B♭5 C5 D5 E♭5 C5
Whoa, Holy Diver,_______________ yeah, all right.
E♭5 D5 C5
Get a - way, get a - way, get a - way.
D5 E♭5 C5 E♭5 B♭5 C5 D5 E♭5 C5 E♭5 D5
Holy Diver, Holy Diver, whoa Holy Diver.

| C5 | C5 D5 E♭5 | C5 | E♭5 B♭5 |
Ooh, ooh, ooh.

| C5 | C5 D5 E♭5 | C5 | E♭5 B♭5 ‖ *Fade*

Hoist That Rag

Words & Music by Tom Waits & Kathleen Brennan

Am fr5 | Dm fr5 | E7 fr5 | Am7 fr5 | B7 fr7

Intro

𝄆 Am Dm | E7 Am | Am7 Dm | B7 E7 𝄇

Verse 1

Am Dm E7 Am
Well, I learned the trade from Piggy Knowles,
Am7 Dm B7 E7
Sing, sing, Tommy Shay, boys.
Am Dm E7 Am
God used me as a hammer boys,
Am7 Dm B7 E7
To beat his weary drum to - day.

Chorus 1

(E7) Am Dm E7 Am
Hoist that rag,
Dm E7 Am
Hoist that rag,
Dm E7 Am Dm E7 Am
Hoist that rag.

Verse 2

Am Dm E7 Am
The sun is up, the world is flat,
Am7 Dm B7 E7
Damn good address for a rat.
Am Dm E7 Am
The smell of blood, the drone of flies,
Am7 Dm B7 E7
You know what to do if the baby cries.

```
             (E7)        Am   Dm  E7  Am
Chorus 2     Hoist that rag,
                              Dm
             Hoist that rag.
             E7          Am                 Dm
                Hoist that rag, hoist that rag.
             E7          Am                 Dm
                Hoist that rag, hoist that rag.
             E7          Am
                Hoist that rag.


Guitar solo  |: Am  Dm | E7  Am  | Am  Dm | E7  Am :|  Play 9 times


                        Am       Dm      E7     Am
Verse 3      Well, we stick our fingers in the ground,
             Am7        Dm       B7        E7
             Heave and turn the world a - round,
             Am        Dm        E7      Am
             Smoke is blacking out the sun,
                Am7    Dm        B7        E7
             At night I pray and clean my gun.
                       Am           Dm           E7          Am
             And the cracked bell rings as the ghost bird sings,
                 Am7     Dm       B7     E7
             The gods go begging here.
                      Am        Dm          E7         Am
             So just open fire when you hit the shore,
             Am7  Dm    B7       E7
             All is fair in love and war.


             (E7)        Am   Dm  E7  Am
Chorus 3     Hoist that rag,
                              Dm  E7  Am
             Hoist that rag.
                              Dm
             Hoist that rag.

             |: E7        Am                Dm        :|
Outro           Hoist that rag, hoist that rag.          Repeat to fade
```

I Am A Scientist

Words & Music by Robert Pollard

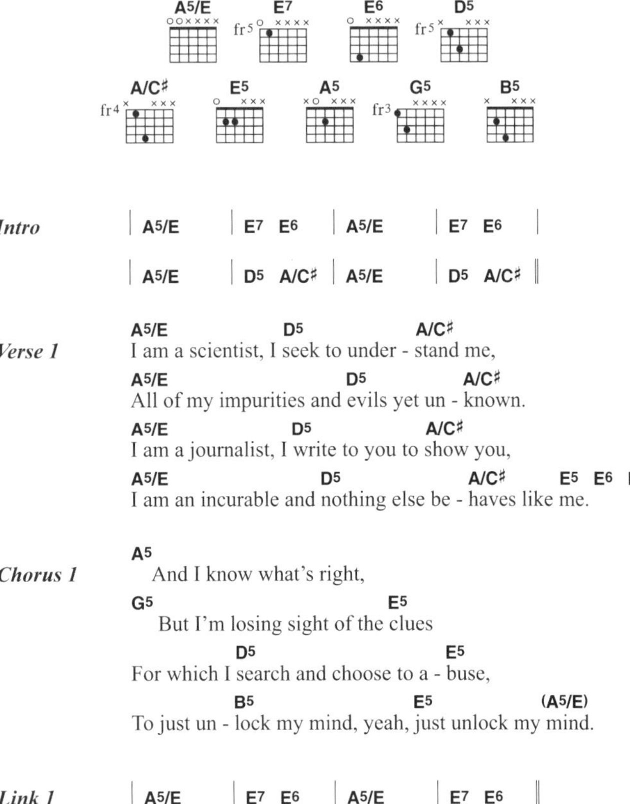

Verse 2

A5/E D5 A/C♯
I am a pharmacist, pre - scriptions I will fill you,
A5/E D5 A/C♯
Potions, pills and medicines to ease your painful lives.
A5/E D5 A/C♯
I am a lost soul, I shoot myself with rock and roll,
A5/E
The hole I dig is bottomless,
D5 A/C♯ E5 E6 E7 E5
But nothing else can set me free.

Chorus 2

As Chorus 1

Link 2

As Link 1

Verse 3

E7 A5/E E6 A5/E
I am a scientist, I seek to under - stand me,
E7 A5/E E6 A5/E E7
I am an in - curable and nothing else be - haves like me.
E6
Every - thing is right,
E7 E6
Everything works out right,
E7 A5
Everything fades from sight,
E5 A5/E E7 E6 A5
Because that's all right with me.

I Believe In A Thing Called Love

Words & Music by Justin Hawkins, Ed Graham,
Frankie Poullain & Daniel Hawkins

F♯5 A5 B5 E5 F♯m E B F♯m11
B♭5/F B5/F♯ C♯5 (fr4) C♯5/G♯ (fr4) D5/A (fr5) B/F♯ Asus2 Bsus4

Intro ‖: F♯5 A5 | B5 | E5 B5 | A5 :‖

Verse 1

F♯m A5 B E B A5
Can't explain all the feelings that you're making me feel.
F♯m A5 B E B
My heart's in overdrive and you're behind the steering wheel.

Pre-chorus 1

E F♯m11 E F♯m11
Touching you, touching me,
E F♯m11 A5 B♭5/F B
Touching you, God, you're touching me.

Chorus 1

E5 A5
I believe in a thing called love,
F♯5 B5/F♯ C♯5 B5
Just listen to the rhythm of my heart.
E5 A5
There's a chance we could make it now,
F♯5 B5/F♯ C♯5 B5
We'll be rocking till the sun goes down.
E5 A5 F♯5 B5/F♯ C♯5 B5
I believe in a thing called love.________________
C♯5/G♯ B5/F♯ C♯5/G♯ B5/F♯ C♯5/G♯ D5/A
Ooh, ooh. Uh!

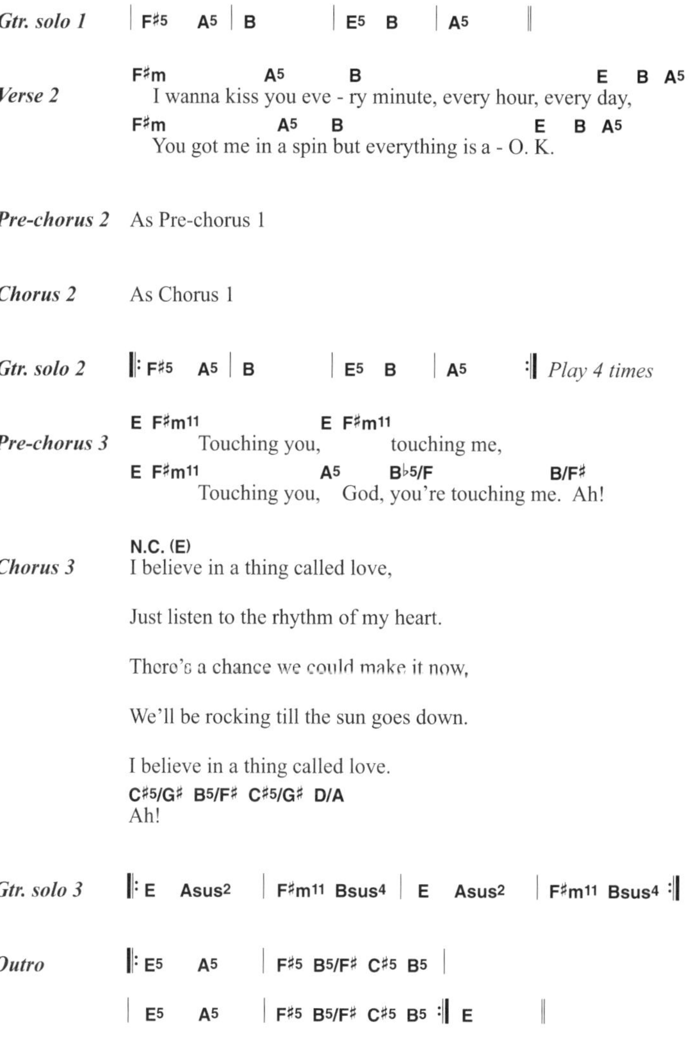

Gtr. solo 1 | F♯5 A5 | B | E5 B | A5 ||

Verse 2
F♯m A5 B E B A5
I wanna kiss you eve - ry minute, every hour, every day,
F♯m A5 B E B A5
You got me in a spin but everything is a - O. K.

Pre-chorus 2 As Pre-chorus 1

Chorus 2 As Chorus 1

Gtr. solo 2 ||: F♯5 A5 | B | E5 B | A5 :|| *Play 4 times*

Pre-chorus 3
E F♯m11 E F♯m11
Touching you, touching me,
E F♯m11 A5 B♭5/F B/F♯
Touching you, God, you're touching me. Ah!

Chorus 3
N.C. (E)
I believe in a thing called love,

Just listen to the rhythm of my heart.

There's a chance we could make it now,

We'll be rocking till the sun goes down.

I believe in a thing called love.
C♯5/G♯ B5/F♯ C♯5/G♯ D/A
Ah!

Gtr. solo 3 ||: E Asus2 | F♯m11 Bsus4 | E Asus2 | F♯m11 Bsus4 :||

Outro ||: E5 A5 | F♯5 B5/F♯ C♯5 B5 |
| E5 A5 | F♯5 B5/F♯ C♯5 B5 :|| E ||

I Bet You Look Good On The Dance Floor

Words & Music by Alex Turner

F♯5 E5 C♯5 (fr9) B5 (fr7) A5 (fr5) E5* (fr7) F♯5* (fr9)

Intro

|: F♯5 E5 | F♯5 E5 | F♯5 E5 | F♯5 E5 :|

|: F♯5 | F♯5 | F♯5 | F♯5 :|

|: C♯5 B5 | A5 F♯5 | C♯5 B5 | A5 F♯5 :|

Verse 1

C♯5 B5 A5 F♯5 C♯5 B5 A5 F♯5
Stop making the eyes at me, I'll stop making the eyes at you
C♯5 B5 A5 F♯5 C♯5 B5
And what it is that sur - prises me is that I don't really want you t

Pre-chorus 1

(A5) F♯5 C♯5 B5 A5
And your shoulders are frozen, (cold as the night).
F♯5 C♯5 B5 A5
Oh, but you're an ex - plosion, (you're dyna - mite).
F♯5 C♯5 B5 A5
Your name isn't Rio but I don't care for sand,
F♯5 C♯5 B5 A5 E5
And lighting the fuse might re - sult in a bang b - b - bang, go.

Chorus 1

F♯5 A5
I bet that you look good on the dancefloor,
E5*
I don't know if you're looking for ro - mance or,
F♯5*
I don't know what you're looking for.
F♯5 A5
I said I bet that you look good on the dancefloor,
E5* C♯5
Dancing to electro - pop like a robot from nineteen - eighty - four,

Well, from nineteen - eighty - four.

Link 1 ‖: C♯5 B5 | A5 F♯5 | C♯5 B5 | A5 F♯5 :‖

Verse 2
C♯5 B5 A5 F♯5
I wish you'd stop ignoring me
C♯5 B5 A5 F♯5
Because you're sending me to des - pair.
C♯5 B5 A5 F♯5
Without a sound yeah, you're calling me
C♯5 B5 A5
And I don't think it's very fair...

Pre-chorus 2
(A5) F♯5 C♯5 B5 A5
That your shoulders are frozen, (cold as the night).
F♯5 C♯5 B5 A5
Oh, but you're an ex - plosion, (you're dyna - mite).
F♯5 C♯5 B5 A5
Your name isn't Rio but I don't care for sand,
F♯5 C♯5 B5 A5 E5
And lighting the fuse might re - sult in a bang b - b - bang, go.

Chorus 2
F♯5 A5
I bet that you look good on the dancefloor,
E5*
I don't know if you're looking for ro - mance or,
F♯5*
I don't know what you're looking for.
F♯5 A5
I said I bet that you look good on the dancefloor,
E5* C♯5
Dancing to electro - pop like a robot from nineteen - eighty - four,
A5
Well, from nineteen - eighty - four.

Bridge
A5 E5* F♯5*
And oh, there ain't no love, no Montagues or Capu - lets.
Just banging tunes in DJ sets and
A5 E5* (F♯5)
Dirty dance - floors and dreams of naughti - ness.

Link 2

| 𝄆 F♯5 E5 | F♯5 E5 | F♯5 E5 | F♯5 E5 𝄇 |
| F♯5 | F♯5 | F♯5 | F♯5 |
| F♯5 | F♯5 | F♯5 | E5* ‖

Chorus 3

```
F♯5*       N.C.                                    A5
   I wan - na bet that you look good on the dancefloor,
                                              E5*
I don't know if you're looking for ro - mance or,
                                          F♯5*
I don't know what you're looking for.
F♯5*                                             A5
   I said I bet that you look good on the dancefloor,
                           E5*                                                 C♯5
Dancing to electro - pop like a robot from nineteen - eighty - four,
                                      F♯5
Said from nineteen - eighty - four.
```

I Want You (She's So Heavy)

Words & Music by John Lennon & Paul McCartney

Dm Dm/F E7♭9 B♭7 Aaug Am7 C

D F G Dm7 G5 G♯5 A5

Intro | Dm | Dm/F | E7♭9 | B♭7 | Aaug | N.C. ||

Verse 1
(Am7)
I want you,

I want you so bad,

I want you,
Am7 C
I want you so bad,___
D F
It's driving me mad,
G Am7
It's driving me mad.

Dm7
I want you,

I want you so bad, babe,

I want you,
F
I want you so bad,___
C B♭7
It's driving me mad,
G5 G♯5 A5
It's dri-ving me mad.

Link 1 | E7♭9 | E7♭9 N.C. | E7♭9 | E7♭9 N.C. | E7♭9 | E7♭9 N.C. ||
(mad.)

Verse 2

Am7
I want you,

I want you so bad, babe,

I want you,

C
I want you so bad,___

D F
It's driving me mad,

G Am7
It's driving me mad.

Dm7
I want you,

I want you so bad,

I want you,

F
I want you so bad,___

C B♭7
It's driving me mad,

G5 G♯5 A5
It's dri-ving me…

Link 2

| E7♭9 | E7♭9 N.C. | E7♭9 | E7♭9 N.C. | E7♭9 | E7♭9 N.C.

Chorus 1

N.C. Dm Dm/F E7♭9
She's so…

B♭7 Aaug
Heavy.______

Dm Dm/F E7♭9 B♭7 Aaug
Heavy, (heavy, heavy.)______

Solo

| Am7 | Am7 | Am7 | Am7 | Am7 | Am7 |

| Am7 C | D F | G | Am7 | Am7 ||

| Dm7 | Dm7 | Dm7 | Dm7 | Dm7 | Dm7 |

| Dm7 F | C B♭ | G5 G♯5 A5 ||

Link 3

| E7♭9 | E7♭9 N.C. | E7♭9 | E7♭9 N.C. | E7♭9 | E7♭9 N.C.

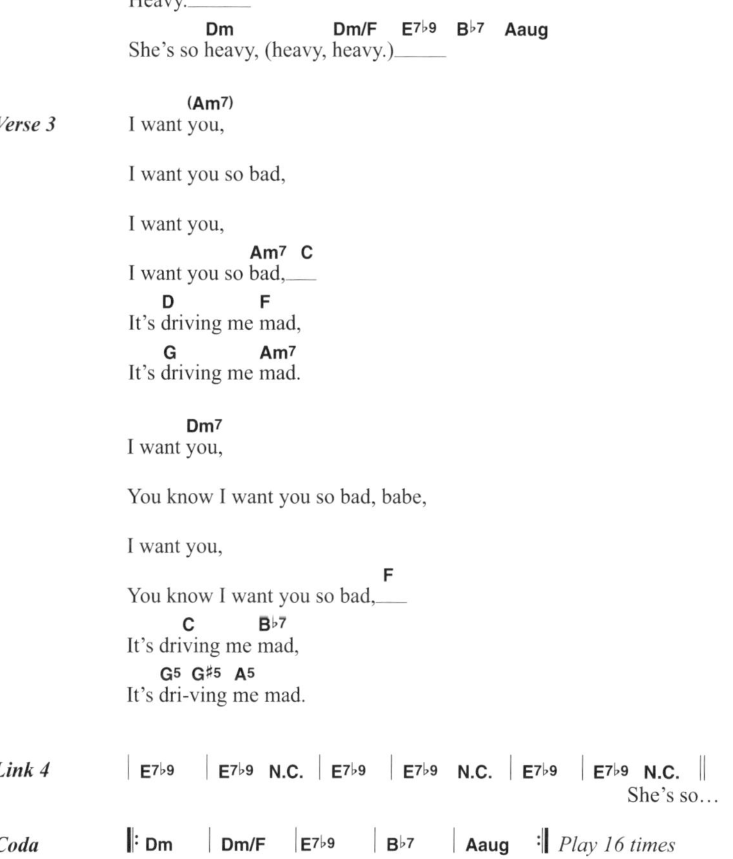

Chorus 2

N.C. Dm Dm/F E7♭9
She's so…

B♭7 Aaug
Heavy.___

Dm Dm/F E7♭9 B♭7 Aaug
She's so heavy, (heavy, heavy.)___

Verse 3

(Am7)
I want you,

I want you so bad,

I want you,

Am7 C
I want you so bad,___

D F
It's driving me mad,

G Am7
It's driving me mad.

Dm7
I want you,

You know I want you so bad, babe,

I want you,

F
You know I want you so bad,___

C B♭7
It's driving me mad,

G5 G♯5 A5
It's dri-ving me mad.

Link 4

| E7♭9 | E7♭9 N.C. | E7♭9 | E7♭9 N.C. | E7♭9 | E7♭9 N.C. ||
She's so…

Coda

||: Dm | Dm/F | E7♭9 | B♭7 | Aaug :|| *Play 16 times*

I Had Too Much To Dream (Last Night)

Words & Music by Annette Tucker & Nancie Mantz

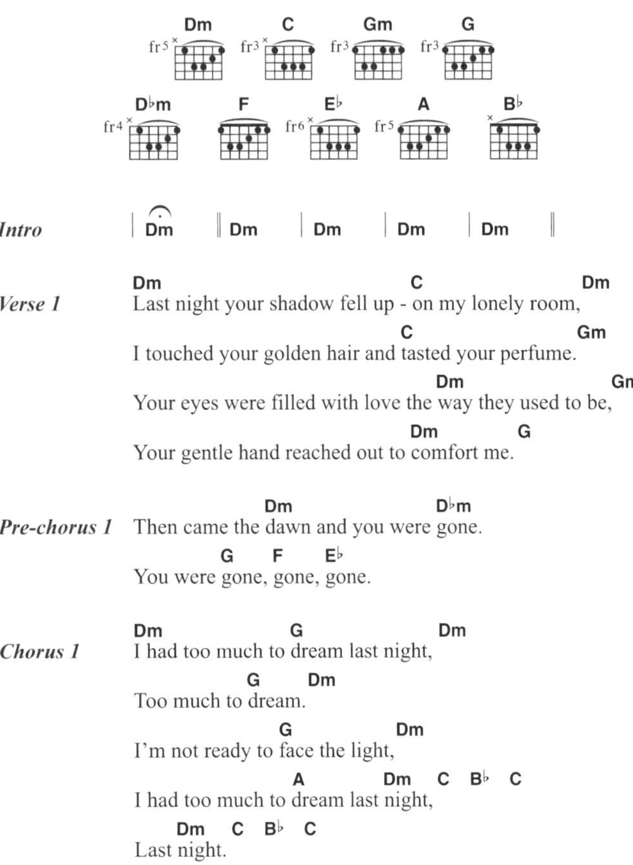


```
Intro          | Dm (fermata) || Dm | Dm | Dm | Dm ||

               Dm                                C                  Dm
Verse 1        Last night your shadow fell up - on my lonely room,
                                             C                    Gm
               I touched your golden hair and tasted your perfume.
                                                 Dm                    Gm
               Your eyes were filled with love the way they used to be,
                                               Dm          G
               Your gentle hand reached out to comfort me.

                                    Dm                  D♭m
Pre-chorus 1   Then came the dawn and you were gone.
                          G      F      E♭
               You were gone, gone, gone.

               Dm                G                   Dm
Chorus 1       I had too much to dream last night,
                              G        Dm
               Too much to dream.
                                   G             Dm
               I'm not ready to face the light,
                                   A            Dm    C   B♭   C
               I had too much to dream last night,
                      Dm    C   B♭   C
               Last night.
```

Verse 2

```
Dm                               C
   The room was empty as I staggered from my bed
Dm                                C
   I could not bear the image racing through my head,
Gm                                   Dm
   You were so real that I could feel your eagerness
Gm                                       Dm        G
And when you raised your lips for me to ki - ss.
                  Dm
Then came the dawn
                 C♯m
And you were gone
            G      F      E♭
You were gone, gone, gone.
```

Chorus 2 As Chorus 1

Chorus 3 As Chorus 1

Outro

```
                        Dm   C  B♭
𝄆 Oh, too much to dream
     C                Dm   C  B♭
Oh, too much to dream
C              Dm                C  B♭
Too much to dream last night
     C               Dm   C  B♭  C
Oh, too much to dream.              𝄇 Repeat to fade
```

Into The Void

Words by Tony Iommi, Ozzy Osbourne & William Ward
Music by Tony Iommi, Ozzy Osbourne, William Ward & Terence Butler

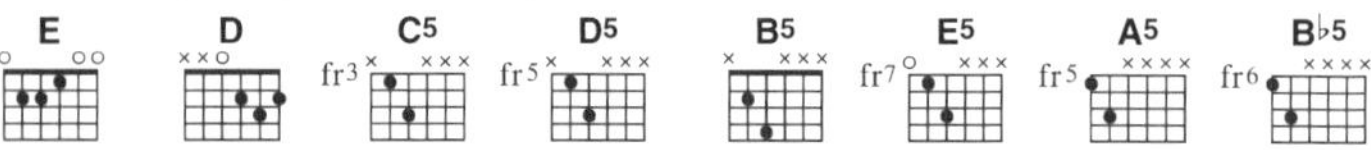

To match original recording, tune guitar down three semitones

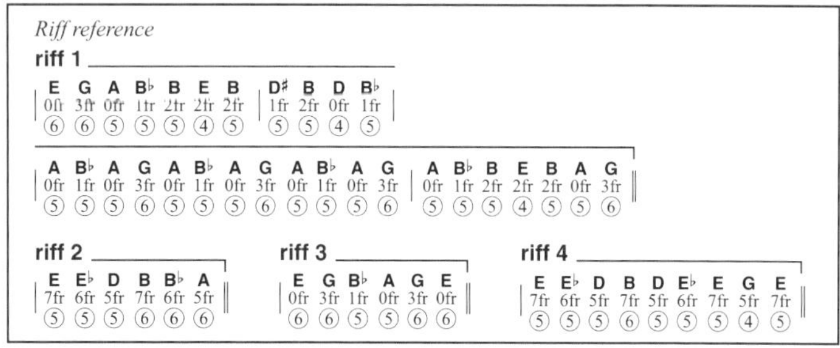

Intro

‖: riff 1 :‖ *Play 4 times*

| E | D | E | D |

| E | D | C5 D5 | B5 ‖

‖: riff 1 :‖

faster

Link 1

‖: E5 | E5 D5 | E5 | E5 A5 B♭5 A5 :‖ *Play 4 ti*

Verse 1

E5 D5
Rocket engines burning fuel so fast,
E5 A5 B♭5 A5
Up into the night sky they blast.
E5 D5
Through the universe the engines whine,
E5 A5 B♭5 A5
Could it be the end of man and time?
E5 D5
Back on earth the flame of life burns low,
E5 A5 B♭5 A5
Everywhere is misery and woe.
E5 D5
Pol - lution kills the air, the land and sea,
E5 A5 B♭5 A5
Man prepares to meet his des - ti - ny, yeah.

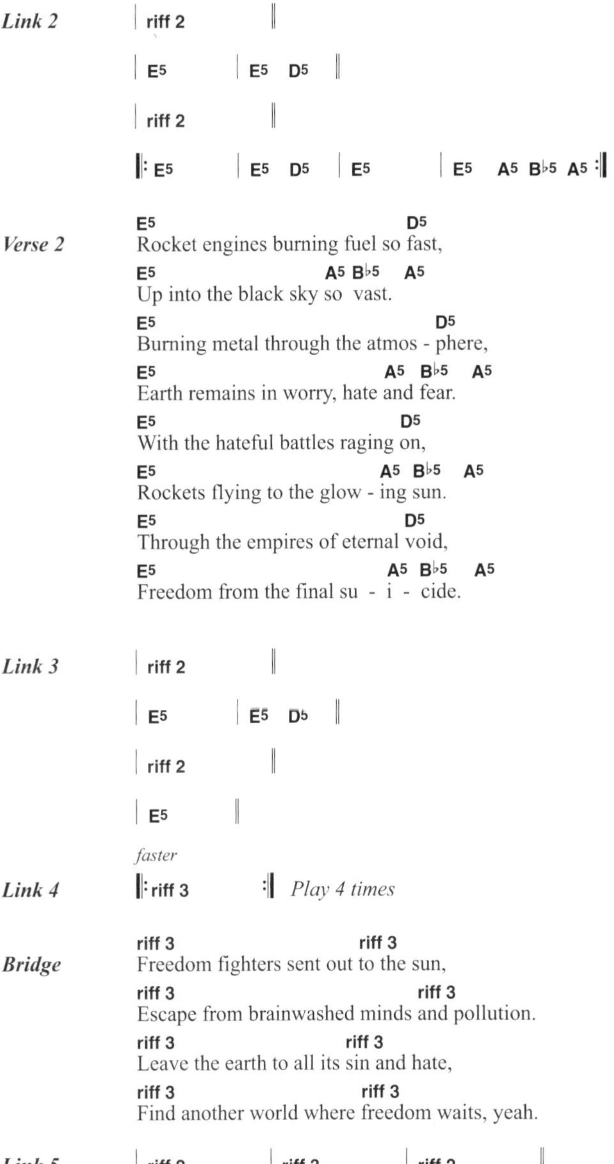

Link 2

| riff 2 ||

| E5 | E5 D5 ||

| riff 2 ||

|: E5 | E5 D5 | E5 | E5 A5 B♭5 A5 :|

Verse 2

E5 D5
Rocket engines burning fuel so fast,
E5 A5 B♭5 A5
Up into the black sky so vast.
E5 D5
Burning metal through the atmos - phere,
E5 A5 B♭5 A5
Earth remains in worry, hate and fear.
E5 D5
With the hateful battles raging on,
E5 A5 B♭5 A5
Rockets flying to the glow - ing sun.
E5 D5
Through the empires of eternal void,
E5 A5 B♭5 A5
Freedom from the final su - i - cide.

Link 3

| riff 2 ||

| E5 | E5 D5 ||

| riff 2 ||

| E5 ||

faster

Link 4

|: riff 3 :| *Play 4 times*

Bridge

riff 3 riff 3
Freedom fighters sent out to the sun,
riff 3 riff 3
Escape from brainwashed minds and pollution.
riff 3 riff 3
Leave the earth to all its sin and hate,
riff 3 riff 3
Find another world where freedom waits, yeah.

Link 5

| riff 2 | riff 3 | riff 2 ||

slower

Link 6 𝄆 E5 | E5 D5 | E5 | E5 A5 B♭5 A5 𝄇 *Play 4 ti*

Verse 3

E5 D5
Past the stars in fields of ancient void,
E5 A5 B♭5 A5
Through the shields of darkness where they find
E5 D5
Love upon a land a world un - known,
E5 A5 B♭5 A5
Where the sons of freedom make their home.
E5 D5
Leave the earth to Satan and his slaves,
E5 A5 B♭5 A5
Leave them to their future in their grave.
E5 D5
Make a home where love is there to stay,
E5 A5 B♭5 A5
Peace and happiness in eve - ry day.

Link 7 | riff 2 ‖

| E5 | E5 D5 ‖

| riff 2 ‖

𝄆 E5 | E5 D5 | E5 | E5 A5 B♭5 A5 𝄇

Solo 1 𝄆 E5 | E5 D5 | E5 | E5 A5 B♭5 A5 𝄇 *Play 3 tim*

Link 8 𝄆 riff 4 𝄇 *Play 4 times*

| E5 | (A5) | E5 | (C5) |

| E5 | (D5) | E5 | (E5) ‖

Solo 2 𝄆 E5 | fill | E5 | fill 𝄇

𝄆 riff 4 𝄇 *Play 6 times*

Outro 𝄆 riff 4 𝄇 *Play 4 times*

Jesus Christ Pose

Words & Music by Chris Cornell, Ben Shepherd, Matt Cameron & Kim Thayil

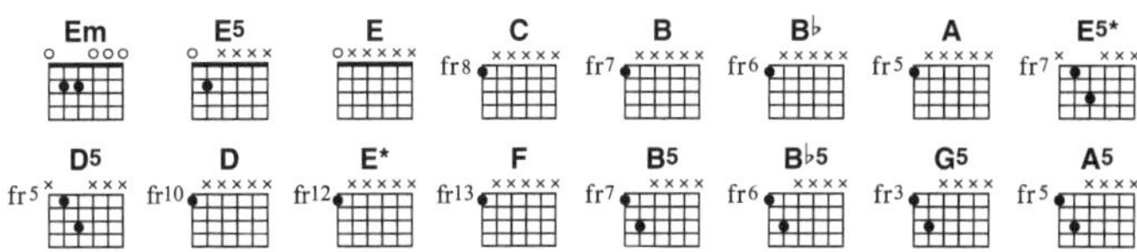

Tune guitar down a semitone

Intro ‖: Em | Em | Em | Em :‖ *Play 4 times*

‖: E5 | E5 | E5 | E5 :‖ *Play 4 times*

riff 1

‖: E C E C E B C | E C E C E B C |

| E B♭ E B♭ E A B♭ | E B♭ E B♭ E A B♭ :‖ *Play 4 times*

Verse 1

riff 1
And you stare at me in your Jesus Christ pose,
riff 1
Arms held out like you've been carrying a load.
riff 1
And you swear to me you don't want to be my slave,
riff 1
But you're staring at me like I,
riff 1
Like I need to be saved.

Saved.
riff 1
Like I need to be saved.

Saved.

Chorus 1

riff 1
In your Jesus Christ pose.
riff 1
In your Jesus Christ pose.

Link

‖: riff 1 :‖

Verse 2

riff 1
Arms held out in your Jesus Christ pose,
riff 1
Thorns and shroud like it's the coming of the Lord.
riff 1
And I swear to you that I would never feed you pain,
riff 1
But your staring at me like I'm,
riff 1
Like I'm driving the nails.
riff 1
Nails, Like I'm driving the nails.
riff 1
Nails, Like I'm driving the nails.
riff 1
Nails, Nails, Like I'm driving the nails.

Nails,____________

Chorus 2

E5* D5 E5* D5
In your Jesus Christ pose.
E5* D5 E5* D5
In your Jesus Christ pose.

Interlude

riff 2________________________
‖: E E* E D E* | E F E D E* |
| B5 | B♭5 G5 B♭5 A5 B♭5 :‖

Bridge

riff 2
Arms held out in your Jesus Christ pose.
riff 2
Thorns and shroud, like it's the coming of the Lord.
riff 2
Would it pain you more to walk on water

Than to wear a crown of thorns?
E E* E D E* E F E D E* G5
It wouldn't pain me more to bury you rich,
B♭5 G5 B♭5 A5 B♭5 E* D5
Than to bu - ry you poor.

```
                 E*                 D5     E*   D5
Chorus 3   In your Jesus Christ pose.
                 E*                 D5
           In your Jesus Christ pose.

Outro      ||: E5   | E5   | E5   | E5   :||  Play 8 times ad lib.
```

Into Your Arms

Words & Music by Robyn St. Clare

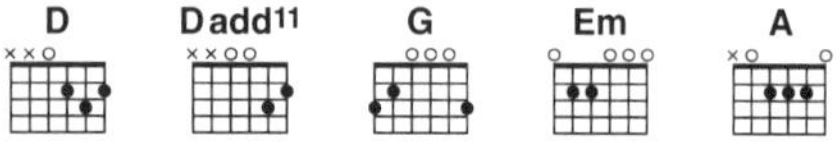

Intro ‖: D Dadd11 D Dadd11 | D Dadd11 D Dadd11 :‖ *Play 4 times*

Verse 1

D G Em
I know a place where I can go when I'm low,
G Em
Into your arms, wo-oh,
G Em D
Into your arms I can go.
G Em
I know a place that's safe and warm, from the crowd,
G Em
Into your arms, wo-oh,
G Em D Dadd11 D Dadd11 D Dadd11 D Dad
Into your arms I can go.

Chorus 1

A G D
And if I should fall,
A G Em A
I know I won't be alone,

Be alone any (more.)

Link 1

| D Dadd11 D Dadd11 | D Dadd11 D Dadd11 | D Dadd11 D Dadd11 |
more. __________________________

‖: D Dadd11 D Dadd11 | D Dadd11 D Dadd11 :‖

Verse 2 As Verse 1

```
             A    G        D
Chorus 2     So if I should fall,
             A      G       Em  A
             I know I won't be  alone,

             Be alone any (more.)


Link 2       | D Dadd11 D Dadd11 | D Dadd11 D Dadd11 |
               more. ___________________________

             | D Dadd11 D Dadd11 | D Dadd11 D Dadd11 |

             D                               G          Em
Verse 3      I know a place where I can go when I'm low,
             G         Em
             Into your arms, wo-oh,
             G          Em
             Into your arms I can (go.)

             | D Dadd11 D Dadd11 | D Dadd11 D Dadd11 |
               go. ____________________________

             | D    Dadd11 D Dadd11 | D Dadd11 D Dadd11 | D         ||
               I can go. ________________________________
```

I'm Glad

Words & Music by Don Van Vliet

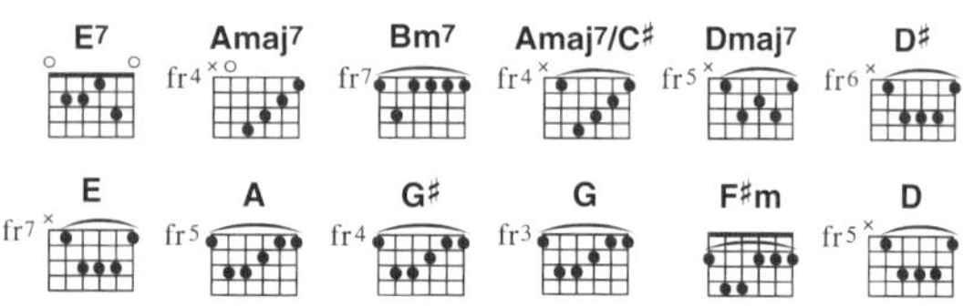


```
          E7    Amaj7  Bm7  Amaj7  Bm7
Intro          (So sad baby, so glad girl.)

                         Amaj7                         Bm7
Verse 1         When you first came 'round I was sad,
                    Amaj7                       Bm7
                My head hung down, I felt      really bad.
                                  Amaj7/C♯
                Now I'm glad, glad about the good times,
                Dmaj7   D♯ E   E7          (Amaj7)
                Oh,              that we've had.

                Amaj7   Bm7
Link 1          (So sad baby.)

                Amaj7                    Bm7
Verse 2            Walked in the park,      kissed in the dark.
                Amaj7                            Bm7
                   Leaves burned just like,    just like a spark.
                                  Amaj7/C♯
                Now I'm glad, glad about the good times,
                Dmaj7  D♯ E  E7            (Amaj7)
                Mm,             that we've had.

                Amaj7  Bm7    A  G♯ G  F♯m
Link 2          (So sad baby.)
```

Bridge

D A G♯ G F♯m
You went a - way,

D A G♯ G F♯m
Oh, I cried night and day.

D A G♯ G F♯m
For what you done,

D A G♯ G F♯m
I had to pay.

D A G♯ G F♯m
Left me so blue,

D A G♯ G F♯m D A G♯ G F♯m
I don't know where to go or_________ what to do.

D A G♯ G F♯m D A G♯ G F♯m E7
Please come back and let the sun____ shine__ through.

Verse 3

Amaj7 Bm7
Sun passed behind a cloud, I felt so proud.

Amaj7 Bm7
We walk down the street, people smile that we meet.

Amaj7/C♯
And I'm glad, glad about the good times,

Dmaj7 D♯ E E7 Amaj7
Mm, yeah, that we've had.

Outro

Bm7
You said I was the best man,

Amaj7 Bm7
You ever, ever had, oh, yeah, now I'm so, so glad,

Amaj7 Bm7 A G♯ G F♯m
Oh, so glad, oh, so, so glad.

Kevin Carter

Words by Nicholas Jones & Richard Edwards
Music by Sean Moore, James Bradfield, Nicholas Jones & Richard Edwards

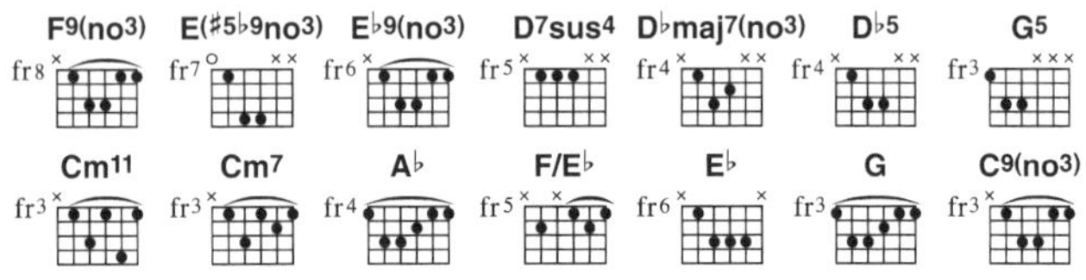

Intro | F9(no3) | F9(no3) | F9(no3) | F9(no3) ||

Verse 1

F9(no3) E(♯5♭9no3)
Hi Time magazine, hi Pulitzer Prize

E♭9(no3) D7sus4
Tribal scars in Techni - color.

D♭maj7(no3) D♭5 G5 C9(no3)
Bang bang club AK forty-seven hour.

Link

D♭5 G5 Cm11 Cm7
Kevin Carter

Verse 2

F9(no3) E(♯5♭9no3)
Hi Time magazine, hi Pulitzer Prize

E♭9(no3) D7sus4
Vulture stalked white piped lie for - ever.

D♭maj7(no3) D♭5 G5 C9(no3)
Wasted your life in black and white.

Chorus 1

D♭5 G5 Cm11 Cm7
Kevin Carter,

D♭5 G5 Cm11 Cm7
Kevin Carter,

D♭5 G5 Cm11 Cm7
Kevin Carter.

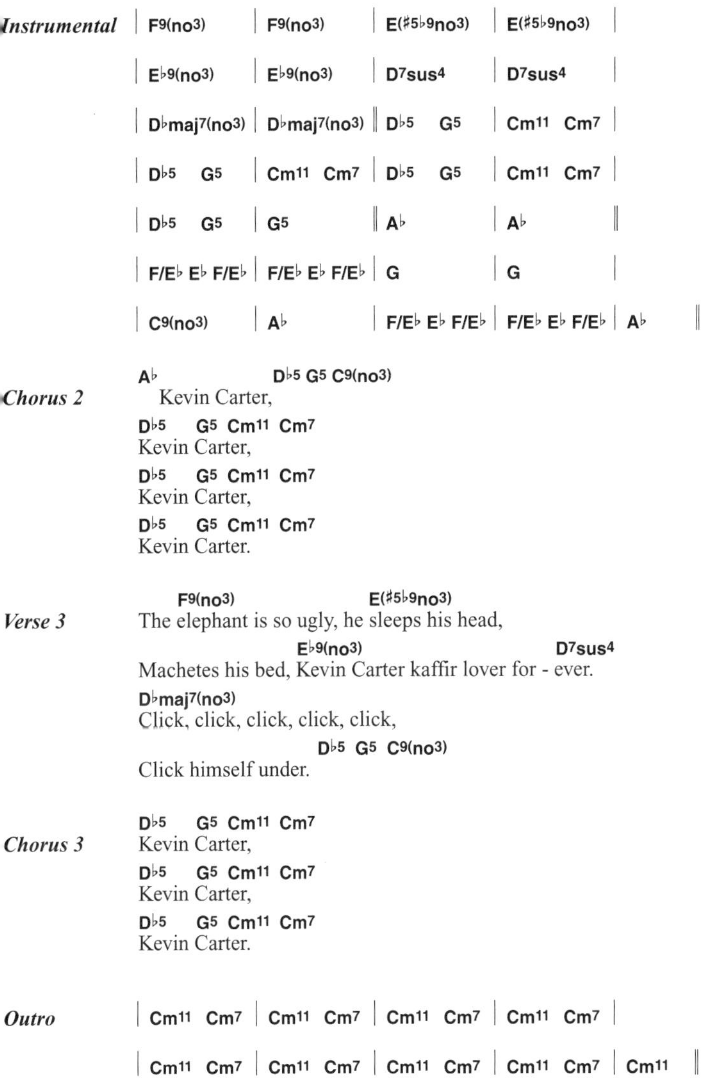

Instrumental

F9(no3)	F9(no3)	E(♯5♭9no3)	E(♯5♭9no3)
E♭9(no3)	E♭9(no3)	D7sus4	D7sus4
D♭maj7(no3)	D♭maj7(no3)		D♭5 G5	Cm11 Cm7
D♭5 G5	Cm11 Cm7	D♭5 G5	Cm11 Cm7
D♭5 G5	G5 || A♭	A♭	
F/E♭ E♭ F/E♭	F/E♭ E♭ F/E♭	G	G
C9(no3)	A♭	F/E♭ E♭ F/E♭	F/E♭ E♭ F/E♭	A♭	

Chorus 2

A♭ D♭5 G5 C9(no3)
Kevin Carter,
D♭5 G5 Cm11 Cm7
Kevin Carter,
D♭5 G5 Cm11 Cm7
Kevin Carter,
D♭5 G5 Cm11 Cm7
Kevin Carter.

Verse 3

F9(no3) E(♯5♭9no3)
The elephant is so ugly, he sleeps his head,
E♭9(no3) D7sus4
Machetes his bed, Kevin Carter kaffir lover for - ever.
D♭maj7(no3)
Click, click, click, click, click,
D♭5 G5 C9(no3)
Click himself under.

Chorus 3

D♭5 G5 Cm11 Cm7
Kevin Carter,
D♭5 G5 Cm11 Cm7
Kevin Carter,
D♭5 G5 Cm11 Cm7
Kevin Carter.

Outro

| Cm11 Cm7 | Cm11 Cm7 | Cm11 Cm7 | Cm11 Cm7 |
| Cm11 Cm7 | Cm11 Cm7 | Cm11 Cm7 | Cm11 Cm7 | Cm11 ||

Kickapoo

Words & Music by Jack Black, Kyle Gass & Liam Lynch

Intro | Dm | Dm | Am | Am |

| F | C G ‖

Part 1

Dm
A long ass fuckin' time ago in a town called Kickapoo,
Am
There lived a humble family, religious through and through.
F C G
But yay, there was a black sheep and he knew just what to do.
Dm
His name was young J.B. and he refused to step in line,
Am
A vision he did see-eth, fucking rocking all the time.
F C G
He wrote a tasty jam and all the planets did a - lign.

Part 2

A C
Oh, the dragon's balls were blazing as I stepped into his cave,
G B♭
Then I sliced his fucking cockles with a long and shiny blade.
A C
'Twas I who fucked the dragon, fucka - lize, sing fuckaloo,
G B♭ A
And if you try to fuck with me then I shall fuck you too.

ont.

B C G A
Gotta get it on in the party zone,
B C G A
I gots to shoot a load in the party zone.
B C G A
Gotta lick a toad in the party zone,
B C G A N.C.
Gotta suck a chode in the party zone. Ah!

ink 1

| G C/G G | B♭ E♭/B♭ B♭ | F B♭/F F | A♭ D♭/A♭ A♭ ||

art 3

G C/G G B♭ E♭/B♭ B♭
You've diso - beyed my orders, son, why were you ever born?
F B♭/F F A♭ D♭/A♭ A♭
Your brother's ten times better than you, Jesus loves him more.
G C/G G B♭ E♭/B♭ B♭
This music that you play for us comes from the depths of hell,
F B♭/F F A♭ D♭/A♭ A♭
Rock and roll's the Devil's work, he wants you to re - bel.
G C/G G B♭ E♭/B♭ B♭
You'll be - come a mindless puppet; Beelzebub will pull the strings,
F B♭/F F A♭ G
Your heart will lose di - rection, and chaos it will bring.

art 4

G A B♭ F G C G C G
You'd better shut your mouth, better watch your tone,
A B♭ F G C G C G
You're grounded for a week with no tele - phone.
A B♭ F G C G C G
Don't let me here you cry, don't let me hear you moan,
A B♭ F G C G C G
You gotta praise The Lord when you're in my home.

art 5

G B♭ B♭sus4 B♭
Dio can you hear me? I am lost and so a - lone.
F
I'm asking for your guidance,
A♭ A♭sus4 A♭
Won't you come down from your throne?
G B♭ B♭sus4 B♭
I need a tight compadre who will teach me how to rock,
F A♭ A♭6 A♭
My father thinks you're evil, but man, he can suck a cock.
G B♭ B♭sus4 B♭
Rock is not the Devil's work, it's magical and rad,
F A♭ (G)
I'll never rock as long as I am stuck here with my dad.

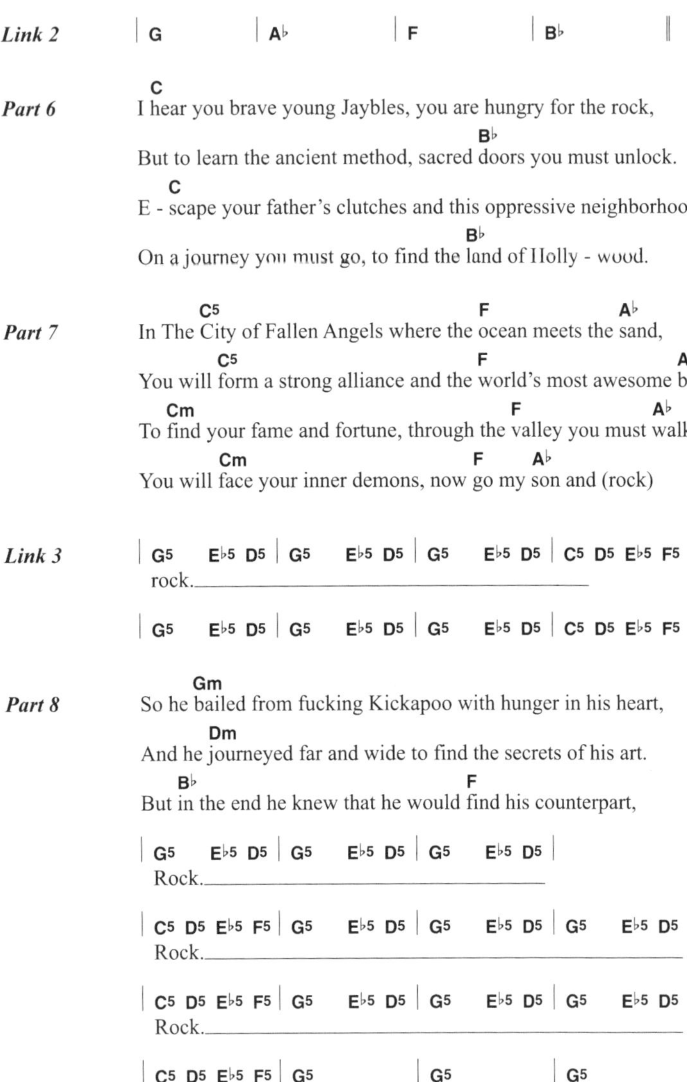

Link 2 | G | A♭ | F | B♭ ||

Part 6

C
I hear you brave young Jaybles, you are hungry for the rock,
B♭
But to learn the ancient method, sacred doors you must unlock.
C
E - scape your father's clutches and this oppressive neighborhood
B♭
On a journey you must go, to find the land of Holly - wood.

Part 7

C5 F A♭
In The City of Fallen Angels where the ocean meets the sand,
C5 F A♭
You will form a strong alliance and the world's most awesome ba
Cm F A♭
To find your fame and fortune, through the valley you must walk,
Cm F A♭
You will face your inner demons, now go my son and (rock)

Link 3

| G5 E♭5 D5 | G5 E♭5 D5 | G5 E♭5 D5 | C5 D5 E♭5 F5 |
rock.

| G5 E♭5 D5 | G5 E♭5 D5 | G5 E♭5 D5 | C5 D5 E♭5 F5 ||

Part 8

Gm
So he bailed from fucking Kickapoo with hunger in his heart,
Dm
And he journeyed far and wide to find the secrets of his art.
B♭ F
But in the end he knew that he would find his counterpart,

| G5 E♭5 D5 | G5 E♭5 D5 | G5 E♭5 D5 |
Rock.

| C5 D5 E♭5 F5 | G5 E♭5 D5 | G5 E♭5 D5 | G5 E♭5 D5 |
Rock.

| C5 D5 E♭5 F5 | G5 E♭5 D5 | G5 E♭5 D5 | G5 E♭5 D5 |
Rock.

| C5 D5 E♭5 F5 | G5 | G5 | G5 ||
Rock.

Lithium

Words & Music by Kurt Cobain

To match original recording, tune guitar down a tone

Intro | E5 G♯5 | C♯ A5 | C5 D5 | B5 D5 ||

Verse 1

E5 G♯5 C♯5 A5 C5 D5 B5
I'm so happy 'cause to - day I found my friends,
D5 E5
They're in my head.
G♯5 C♯5 A5 C5 D5 B5
I'm so ugly, that's o - kay 'cause so are you,
D5 E5
Broke our mirrors.
G♯5 C♯5 A5 C5 D5 B5
Sunday morning is every - day for all I care,
D5 E5
And I'm not scared.
G♯5 C♯5 A5 C5 D5 B5
Light my candles in a daze 'cause I've found God.

Chorus 1

B5 D5 E5 G♯ C♯5 A5 C5 D5 B5
Ye ah,__ yeah, yeah,__ yeah.___
D5 E5 G♯5 C5 A5 C5 D5 B5
Ye - ah,__ yeah, yeah,__ yeah.___
D5 E5 G♯5 C5 A5 C5 D5 B5 D5
Ye - ah, yeah,__ yeah,__ yeah,___ ye - ah.

Verse 2

```
E5    G♯5     C♯5     A5         C5     D5          B5
        I'm so lonely, that's o - kay, I shaved my head
     D5      E5
And I'm not sad
G♯5       C♯5     A5      C5          D5      B5
And just maybe I'm to blame for all I've heard,
D5       E5
I'm not     sure.
G♯5           C♯5  A5      C5       D5         B5
I'm so ex - cited, I can't wait to meet you there
     D5      E5
And I don't care.
G♯5    C♯5    A5         C5       D5     B5
I'm so horny, that's o - kay my will is good.
```

Chorus 2 As Chorus 1

Bridge

```
A5  C5     A5       C5
   I like it, I'm not gonna crack.
A5  C5         A5       C5
   I miss you, I'm not gonna crack.
A5  C5         A5       C5
   I love you, I'm not gonna crack.
A5  C5          A5       C5
   I killed you, I'm not gonna crack.
A5  C5     A5       C5
   I like it, I'm not gonna crack.
A5  C5         A5       C5
   I miss you, I'm not gonna crack.
A5  C5         A5       C5
   I love you, I'm not gonna crack.
A5  C5          A5       C5      D5     B5
   I killed you, I'm not gonna crack.___
```

Link

```
| E5  G♯5 | C♯  A5 | C5  D5 | B5  D5 ||
```

Verse 3 As Verse 1

Chorus 3 As Chorus 1

Outro

```
A5  C5      A5      C5
   I like it, I'm not gonna crack.
A5  C5           A5      C5
   I miss you, I'm not gonna crack.
A5  C5           A5      C5
   I love you, I'm not gonna crack.
A5  C5             A5      C5
   I killed you, I'm not gonna crack.
A5  C5      A5      C5
   I like it, I'm not gonna crack.
A5  C5           A5      C5
   I miss you, I'm not gonna crack.
A5  C5           A5      C5
   I love you, I'm not gonna crack.
A5  C5             A5      C5      D5      B5  E5
   I killed you, I'm not gonna crack.______
```

Little Bit Of Soul

Words & Music by John Carter & Ken Lewis

G C D A

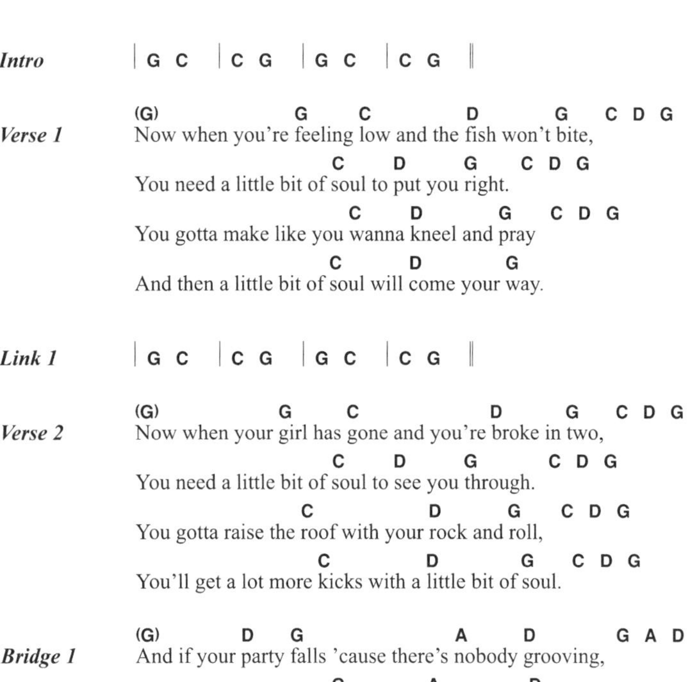

Intro

| G C | C G | G C | C G ||

Verse 1

```
(G)                 G       C               D           G     C  D  G
Now when you're feeling low and the fish won't bite,
                         C       D        G       C  D  G
You need a little bit of soul to put you right.
                           C       D            G      C  D  G
You gotta make like you wanna kneel and pray
                         C           D          G
And then a little bit of soul will come your way.
```

Link 1

| G C | C G | G C | C G ||

Verse 2

```
(G)               G       C                   D          G      C  D  G
Now when your girl has gone and you're broke in two,
                         C       D        G          C  D  G
You need a little bit of soul to see you through.
                     C                D         G       C  D  G
You gotta raise the roof with your rock and roll,
                       C              D            G       C  D  G
You'll get a lot more kicks with a little bit of soul.
```

Bridge 1

```
(G)          D    G                      A        D          G  A  D
And if your party falls 'cause there's nobody grooving,
                         G           A         D
You need a little bit of soul and it really starts moving, yeah.
```

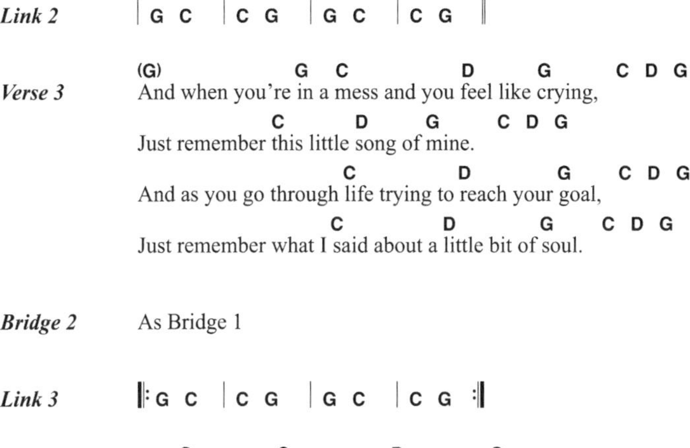

Link 2 | G C | C G | G C | C G ||

Verse 3

```
(G)                 G    C                D        G         C  D  G
And when you're in a mess and you feel like crying,
                 C         D        G        C  D  G
Just remember this little song of mine.
                          C              D            G       C  D  G
And as you go through life trying to reach your goal,
                        C              D            G       C  D  G
Just remember what I said about a little bit of soul.
```

Bridge 2 As Bridge 1

Link 3 |: G C | C G | G C | C G :|

Outro

```
     G             C              D            G
|: A little bit of soul, yeah, a little bit of soul. :|
```

Repeat to fade

The Logical Song

Words & Music by Roger Hodgson & Richard Davies

Bm | Bm/A | Gmaj7 | F♯m7 | A | G | A♭dim | D | D6(♭5) | Gmaj7/D | C | G/B | G/A | B7 | Em

Capo first fret

Intro | Bm Bm/A | Bm Bm/A | Bm Bm/A | Bm Bm/A ||

Verse 1

```
Bm                                  Gmaj7      F♯m7
When I was young, it seemed that life was so wonderful,
  A                   G         A♭dim
A miracle, oh it was beautiful, magical.
             Bm                                  Gmaj7      F♯m7
And all the birds in the trees, well they'd be singing so happily,
   A             G          A♭dim
Oh joyfully, oh playfully watching me.
               Bm                              Gmaj7     F♯m7
But then they sent me away to teach me how to be sensible,
A           G               A♭dim
Logical, oh responsible, practical.
               Bm                                       Gmaj7      F♯m7
And then they showed me a world where I could be so de - pendable,
   A                    G       A♭dim
Oh clinical, oh intel - lectual, cynical.
```

Chorus 1

```
(A♭dim)   D                            D6(♭5)
There are times when all the world's a - sleep,
                          Gmaj7/D                C     G/B  G/A  G
The questions run too deep for such a simple man.
           D                                D6(♭5)
Won't you please, please tell me what we've learned,
                        Gmaj7/D                   C       G/B  G/A  G
I know it sounds ab - surd, but please tell me who I am.______
C     G/B  G/A  G
```

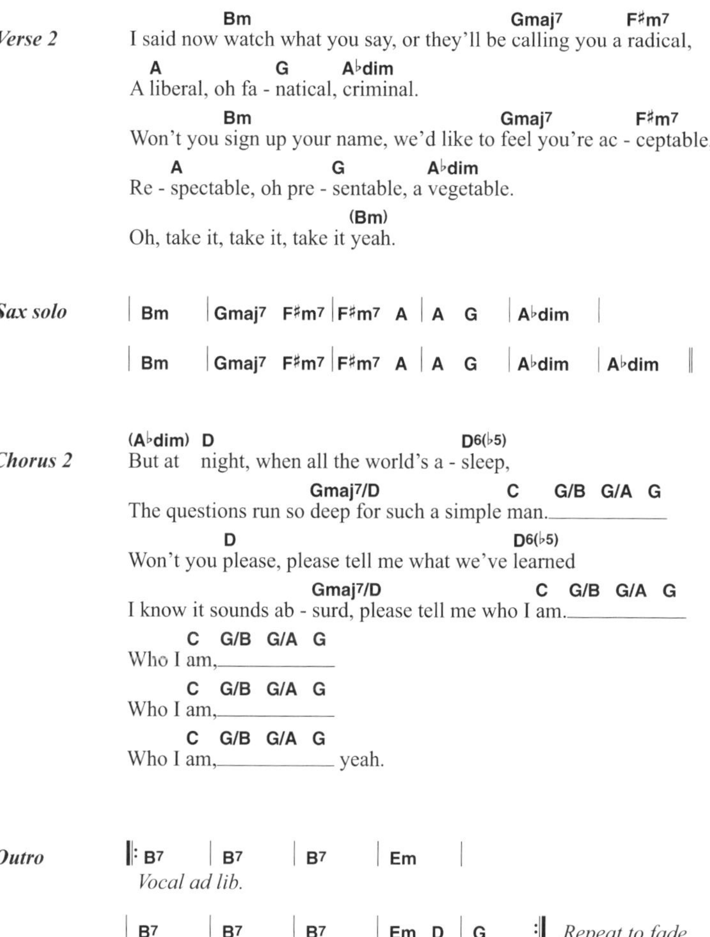
Verse 2

Bm | Gmaj7 | F♯m7
I said now watch what you say, or they'll be calling you a radical,

A | G | A♭dim
A liberal, oh fa - natical, criminal.

Bm | Gmaj7 | F♯m7
Won't you sign up your name, we'd like to feel you're ac - ceptable,

A | G | A♭dim
Re - spectable, oh pre - sentable, a vegetable.

(Bm)
Oh, take it, take it, take it yeah.

Sax solo

| Bm | Gmaj7 F♯m7 | F♯m7 A | A G | A♭dim |

| Bm | Gmaj7 F♯m7 | F♯m7 A | A G | A♭dim | A♭dim ||

Chorus 2

(A♭dim) D | D6(♭5)
But at night, when all the world's a - sleep,

Gmaj7/D | C G/B G/A G
The questions run so deep for such a simple man.

D | D6(♭5)
Won't you please, please tell me what we've learned

Gmaj7/D | C G/B G/A G
I know it sounds ab - surd, please tell me who I am.

C G/B G/A G
Who I am,

C G/B G/A G
Who I am,

C G/B G/A G
Who I am, yeah.

Outro

||: B7 | B7 | B7 | Em |
Vocal ad lib.

| B7 | B7 | B7 | Em D | G :|| *Repeat to fade*

Maggie's Farm

Words & Music by Bob Dylan

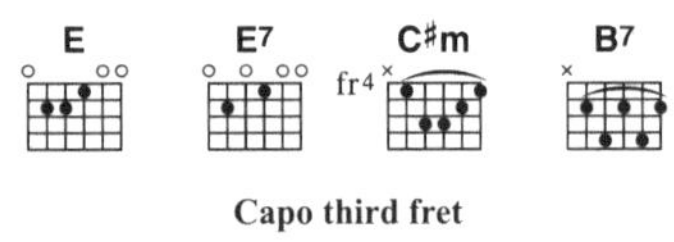

Capo third fret

Intro | E | E ||

Verse 1
E7
I ain't gonna work on Maggie's farm no more

No, I ain't gonna work on Maggie's farm no more

Well, I wake in the morning, fold my hands and pray for rain

I got a head full of ideas that are drivin' me insane
C♯m B7
It's a shame the way she makes me scrub the floor
E7
I ain't gonna work on Maggie's farm no more

Link 1 | E | E ||

Verse 2
E7
I ain't gonna work for Maggie's brother no more

No, I ain't gonna work for Maggie's brother no more

Well, he hands you a nickel, he hands you a dime

He asks you with a grin if you're havin' a good time
C♯m B7
Then he fines you every time you slam the door
E7
I ain't gonna work for Maggie's brother no more

Link 2 | E | E ||

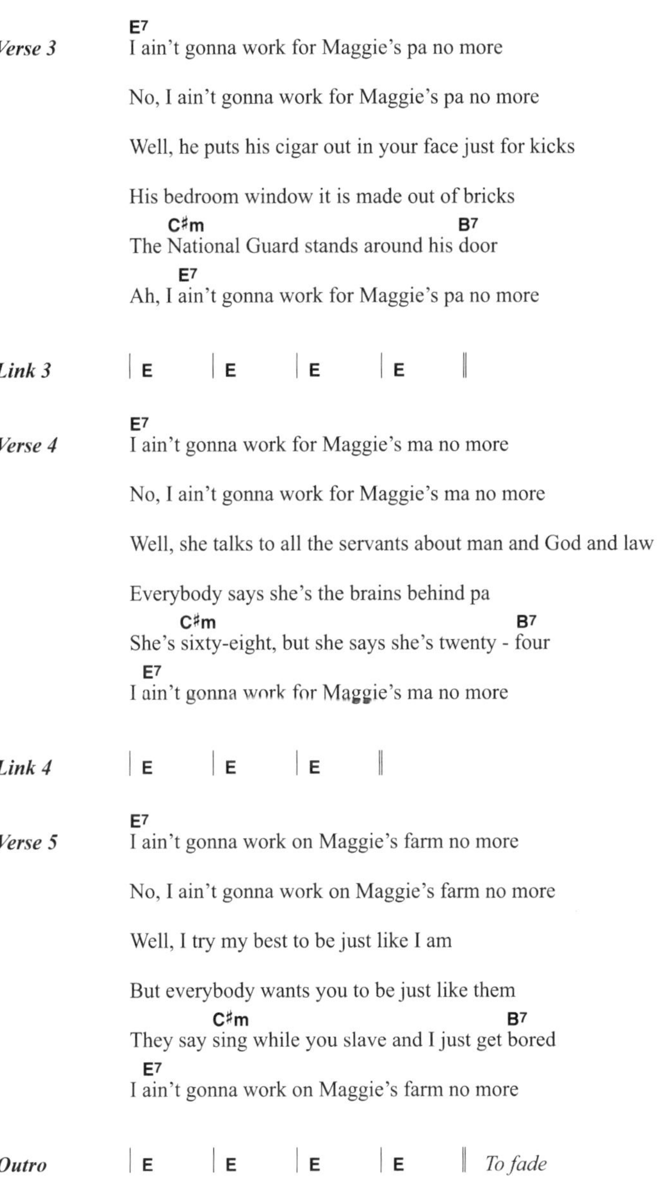

Verse 3

E7
I ain't gonna work for Maggie's pa no more

No, I ain't gonna work for Maggie's pa no more

Well, he puts his cigar out in your face just for kicks

His bedroom window it is made out of bricks
C♯m B7
The National Guard stands around his door
E7
Ah, I ain't gonna work for Maggie's pa no more

Link 3 | E | E | E | E ‖

Verse 4

E7
I ain't gonna work for Maggie's ma no more

No, I ain't gonna work for Maggie's ma no more

Well, she talks to all the servants about man and God and law

Everybody says she's the brains behind pa
C♯m B7
She's sixty-eight, but she says she's twenty - four
E7
I ain't gonna work for Maggie's ma no more

Link 4 | E | E | E ‖

Verse 5

E7
I ain't gonna work on Maggie's farm no more

No, I ain't gonna work on Maggie's farm no more

Well, I try my best to be just like I am

But everybody wants you to be just like them
C♯m B7
They say sing while you slave and I just get bored
E7
I ain't gonna work on Maggie's farm no more

Outro | E | E | E | E ‖ *To fade*

Marquee Moon

Words & Music by Tom Verlaine

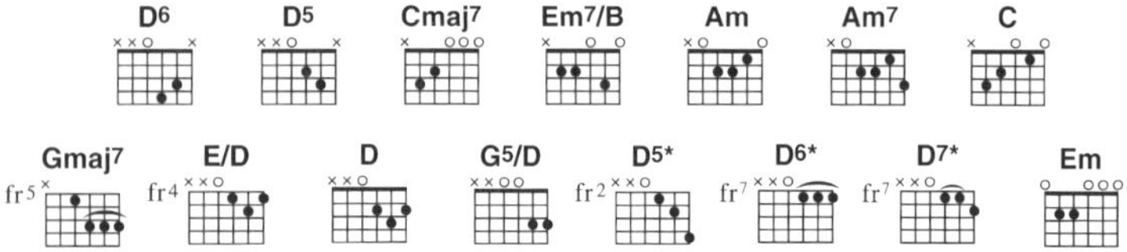

Intro | |: D6 | D6 | D5 | D5 :| *Play 4 times*

Verse 1

D6 D5
I remember how the darkness doubled;
D6 D5
I recall lightning struck itself.
D6 D5
I was listening, listening to the rain;
D6 D5
I was hearing, hearing something else.

Link 1

| Cmaj7 Em7/B | Am | Cmaj7 Em7/B | Am |

| Cmaj7 Em7/B | Am | Am7 | Am7 ||

Chorus 1

D C
Life in the hive puckered up my night,
D C
The kiss of death, the embrace of life.
D C
There I stand 'neath the Marquee Moon
Gmaj7
Just waiting.

Link 2

| (D6) | (D6) | (D5) | (D5) |

| D6 | D6 | D5 | D5 ||

Verse 2

```
D6                                 D5
I spoke to a man down at the tracks
      D6                              D5
And I ask him how he don't go mad?
         D6                                           D5
He said, "Look here, Junior, don't you be so happy,
     D6                                     D5
And for heaven's sake, don't you be so sad."
```

Link 3

```
| Cmaj7  Em7/B | Am     | Cmaj7  Em7/B | Am     |
| Cmaj7  Em7/B | Am     | Am7          | Am7    ||
```

Chorus 2

```
D                                           C
Life in the hive puckered up my night,
   D                                         C
The kiss of death, the embrace of life.
D                                        C
Outside 'neath the Marquee Moon
Gmaj7
   Hesitating.
```

Guitar solo

```
| D      | D   C  | D      | D   C  |
| D      | D   C  | Gmaj7  | Gmaj7  ||
```

Link 4

```
| D6     | D6     | D5     | D5     ||
```

Verse 3

```
          D6                                  D5
Well a Cadillac, it pulled out of the graveyard,
          D6                                   D5
Pulled up to me, and they said,"Get in, get in."
             D6                                          D5
Then the Cadillac, it puttered back into the graveyard,
      D6             D5
And me, I got out again.
```

Link 5

```
| Cmaj7  Em7/B | Am     | Cmaj7  Em7/B | Am     |
| Cmaj7  Em7/B | Am     | Am7          | Am7    ||
```

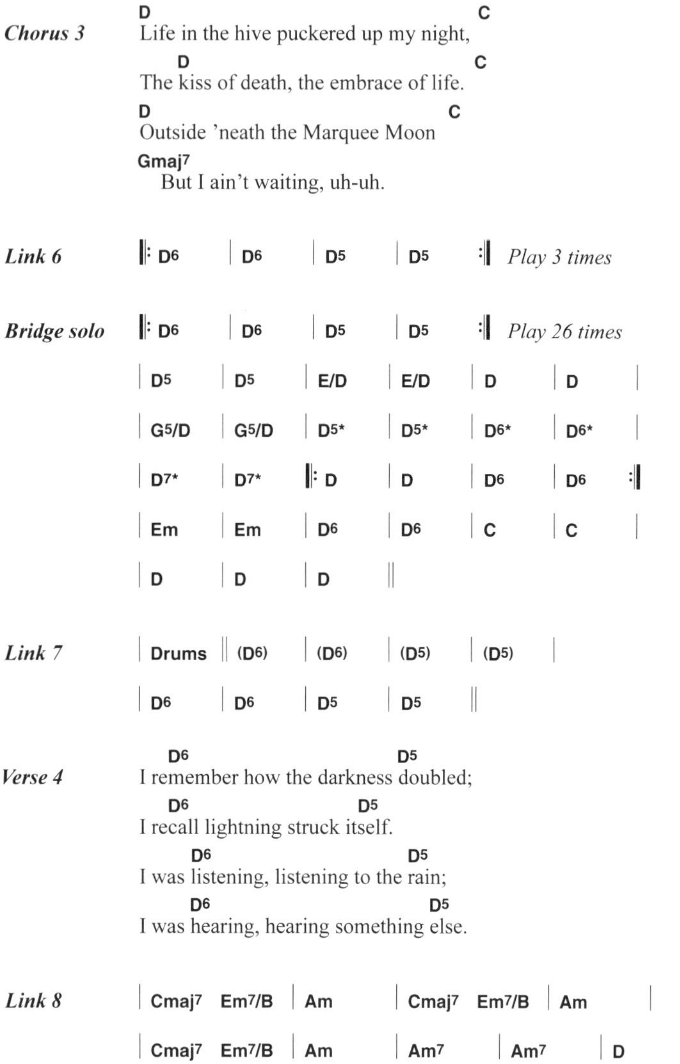
Chorus 3
D C
Life in the hive puckered up my night,
D C
The kiss of death, the embrace of life.
D C
Outside 'neath the Marquee Moon
Gmaj7
But I ain't waiting, uh-uh.
Link 6
|: D6 | D6 | D5 | D5 :| Play 3 times
Bridge solo
|: D6 | D6 | D5 | D5 :| Play 26 times
D5	D5	E/D	E/D	D	D
G5/D	G5/D	D5*	D5*	D6*	D6*
D7*	D7*	: D	D	D6	D6 :
Em	Em	D6	D6	C	C
D	D	D	
Link 7
Drums		(D6)	(D6)	(D5)	(D5)
D6	D6	D5	D5	
Verse 4
D6 D5
I remember how the darkness doubled;
D6 D5
I recall lightning struck itself.
D6 D5
I was listening, listening to the rain;
D6 D5
I was hearing, hearing something else.
Link 8
Cmaj7 Em7/B	Am	Cmaj7 Em7/B	Am
Cmaj7 Em7/B	Am	Am7	Am7	D	

One

Words & Music by James Hetfield & Lars Ulrich

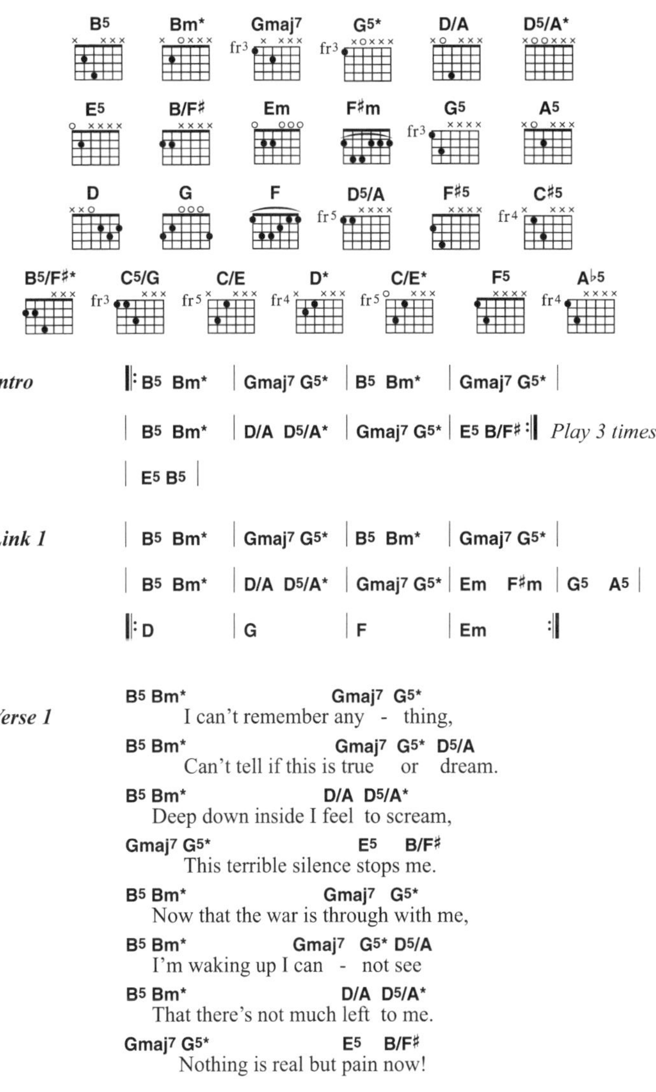

Intro

𝄆 B5 Bm* | Gmaj7 G5* | B5 Bm* | Gmaj7 G5* |
| B5 Bm* | D/A D5/A* | Gmaj7 G5* | E5 B/F♯ 𝄇 *Play 3 times*
| E5 B5 |

Link 1

| B5 Bm* | Gmaj7 G5* | B5 Bm* | Gmaj7 G5* |
| B5 Bm* | D/A D5/A* | Gmaj7 G5* | Em F♯m | G5 A5 |
𝄆 D | G | F | Em 𝄇

Verse 1

B5 Bm* Gmaj7 G5*
I can't remember any - thing,
B5 Bm* Gmaj7 G5* D5/A
Can't tell if this is true or dream.
B5 Bm* D/A D5/A*
Deep down inside I feel to scream,
Gmaj7 G5* E5 B/F♯
This terrible silence stops me.
B5 Bm* Gmaj7 G5*
Now that the war is through with me,
B5 Bm* Gmaj7 G5* D5/A
I'm waking up I can - not see
B5 Bm* D/A D5/A*
That there's not much left to me.
Gmaj7 G5* E5 B/F♯
Nothing is real but pain now!

cont.

G5 A5 B5 A5 G5 F♯5 B5 A5 B5 C♯5
Hold my breath as I wish for death,

C 3fr ⑤ C♯ 4fr ⑤
B5 A5 C C♯ (D)
Oh please God wake me!

Link 2

‖: D | G | F | Em :‖

Verse 2

B5 Bm* Gmaj7 G5*
Back in the womb it's much too real
B5 Bm* Gmaj7 G5* D5/A
In pumps life that I must feel
B5 Bm* D/A D5/A*
But can't look forward to reveal,
Gmaj7 G5* E5 B/F♯
Look to the time when I'll live.
B5 Bm* Gmaj7 G5*
Fed through the tube that sticks in me
B5 Bm* Gmaj7 G5* D5/A
Just like a wartime nov - el - ty
B5 Bm* D/A D5/A*
Tied to machines that make me be
Gmaj7 G5* E5 B/F♯
Cut this life off from me!
G5 A5 B5 A5 G5 F♯5 B5 A5 B5 C♯5
Hold my breath as I wish for death,

C 3fr ⑤ C♯ 4fr ⑤
B5 A5 C C♯ (D)
Oh please God wake me!

Link 3

‖: D | G | F | Em :‖ *Play 4 times*

Bridge

G5 A5 B5 A5 G5
Now the world is gone,
F♯5 B5 A5 B5 C♯5
I'm just one.
B5 A5 B5 C♯5
Oh God help me.
G5 A5 B5 A5 G5 F♯5 B5 A5 B5 C♯5
Hold my breath as I wish for death,
B5 A5 B5 C♯5 G5 A5 B5 A5 G5 F♯5 B5
Oh please God, help me!

Middle

E5
Darkness imprisoning me,
F5
All that I see, absolute horror!
E5
I cannot live! I cannot die!
F5 E5
Trapped in myself, body, my holding cell!
(E5)
Landmine has taken my sight,
F5
Taken my speech, taken my hearing,
E5
Taken my arms, taken my legs,
F5 (E5)
Taken my soul, left me with life in Hell!

Solo

𝄆 E5 | E5 F5 | E5 | E5 F5 | E5 | E5 F5 |
| E5 | E5 F5 | E5 | E5 | E5 | E5 𝄇
Play 3 times
| E5 F5 | G5 | E5 | E5 |
| E5 F5 | G5 | G5 | G5 | G5 A♭5 |
| F5 | G5 | G5 | G5 A♭5 | F5 ‖
𝄆 G5 | G5 | F5 | F5 𝄇
| G5 | G5 | F5 | F5 |

G G G G G G G	D D D	D D D D♭ D♭ D♭ C C C B B B
3fr 3fr 3fr 3fr 3fr 3fr 3fr	5fr 5fr 5fr	5fr 5fr 5fr 4fr 4fr 4fr 3fr 3fr 3fr 2fr 2fr 2fr
⑥ ⑥ ⑥ ⑥ ⑥ ⑥ ⑥	⑤ ⑤ ⑤	⑤ ⑤ ⑤ ⑤ ⑤ ⑤ ⑤ ⑤ ⑤ ⑤ ⑤ ⑤

𝄆 E5 | E5 F5 | E5 | E5 F5 𝄇

E E E E E E E	D D D	D D D D♭ D♭ D♭ C C C B B B
0fr 0fr 0fr 0fr 0fr 0fr 0fr	5fr 5fr 5fr	5fr 5fr 5fr 4fr 4fr 4fr 3fr 3fr 3fr 2fr 2fr 2fr
⑥ ⑥ ⑥ ⑥ ⑥ ⑥ ⑥	⑤ ⑤ ⑤	⑤ ⑤ ⑤ ⑤ ⑤ ⑤ ⑤ ⑤ ⑤ ⑤ ⑤ ⑤

𝄆 E5 | E5 F5 | E5 | E5 F5 𝄇 *Play 4 times*

𝄆 E5 | E5 F5 𝄇 *Play 4 times*

Moonage Daydream

Words & Music by David Bowie

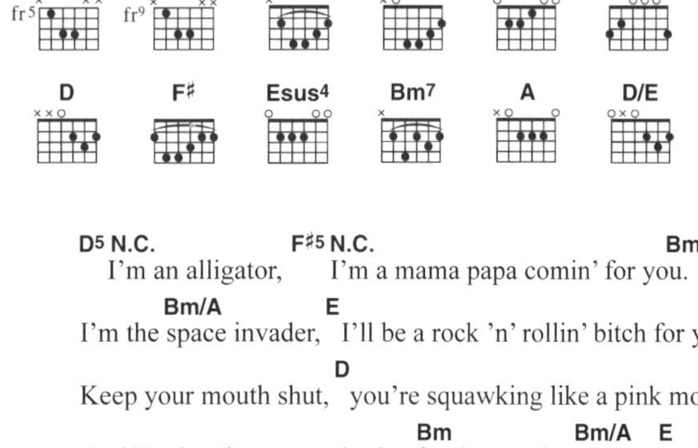

Verse 1

D5 N.C. F♯5 N.C. Bm
I'm an alligator, I'm a mama papa comin' for you.
Bm/A E G
I'm the space invader, I'll be a rock 'n' rollin' bitch for you.
D F♯
Keep your mouth shut, you're squawking like a pink monkey bird
Bm Bm/A E
And I'm busting up my brains for the words.

Chorus 1

G Bm E Esus4 E
Keep your electric eye on me babe,
G Bm E Esus4 E
Put your ray-gun to my__ head.
G Bm E Esus4 E
Press your space face close to mine, love.
D E
Freak out in a moonage daydream, oh yeah!

Verse 2

D5 N.C. F♯5 N.C. Bm
Don't fake it baby, lay the real thing on me.
Bm/A E G
The church of Man, love, is such a holy place to be.
D F♯
Make me baby, make me know you really care,
Bm Bm/A E
Make me jump into the air.

Chorus 2 As Chorus 1

Instrumental 𝄆 Bm7 | A | G | F♯ 𝄇

Chorus 3

```
G              Bm            E           D/E  E
   Keep your electric eye on   me babe,
G           Bm           E          D/E  E
   Put your ray-gun to my__   head.
G             Bm                E             D/E  E
   Press your space face close to mine, love.
D                                        E
   Freak out in a moonage daydream, oh!
```

Chorus 4

```
G              Bm        E               D/E  E
   Keep your electric eye   on me babe,
G           Bm       E                D/E  E
   Put your ray-gun to my__   head.
G             Bm                E             D/E  E
   Press your space face close to mine, love.
D                                        E
   Freak out in a moonage daydream, oh   yeah!
```

Coda

```
Bm7          A          G          F#
   Freak out,   far out,   in out.

||: Bm      | A         | G         | F#        :||
```

Repeat to fade

Mystery Train

Words & Music by Sam C. Phillips & Herman Parker Jr.

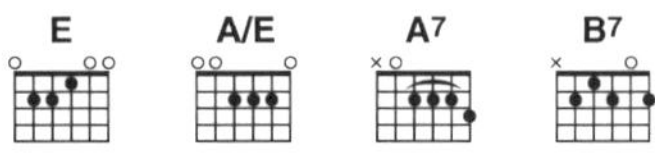

Intro | E A/E E A/E | E A/E E A/E | E A/E E A/E ||

Verse 1
A7 E A/E E A/E | E A/E E A/E |
Train I ride, sixteen coaches long.
A7 E A/E E A/E | E A/E E A/E |
Train I ride, sixteen coaches long.
B7
Well, that long black train
A7 E A/E E A/E | E A/E E A/E ||
Got my baby and gone.

Verse 2
A7
Train train, comin' 'round,
E A/E E A/E | E A/E E A/E |
'Round the bend.
A7 E A/E E A/E | E A/E E A/E |
Train train, comin' 'round the bend.
B7
Well it took my baby,
A7 E A/E E A/E | E A/E E A/E ||
But it never will again (no, not a - gain).

Verse 3
A7 E A/E E A/E | E A/E E A
Train train, comin' down, down the line.
A7 E A/E E A/E | E A/E E A/E |
Train train, comin' down the line.
B7
Well it's bringin' my baby,
A7 E
'Cause she's mine, all, all mine.
A/E E A/E E A/E E A/E E A/E
(She's mine, _ all, all mine. _)

Instrumental | A7 | A7 | E | E |

| B7 | A7 | E A/E E A/E | E A/E E A/E ||

Verse 4

A7
Train train, comin' 'round,
E A/E E A/E | E A/E E A/E |
'Round the bend.
A7 E A/E E A/E | E A/E E A/E |
Train train, comin' 'round the bend.
B7
Well it took my baby,
A7 E A/E E A/E | E A/E E A/E ||
But it never will again (never will again).

Coda | A7 | A7 | E A/E E A/E | E A/E E A/E ||

Fade out

New Generation

Words & Music by Brett Anderson & Bernard Butler

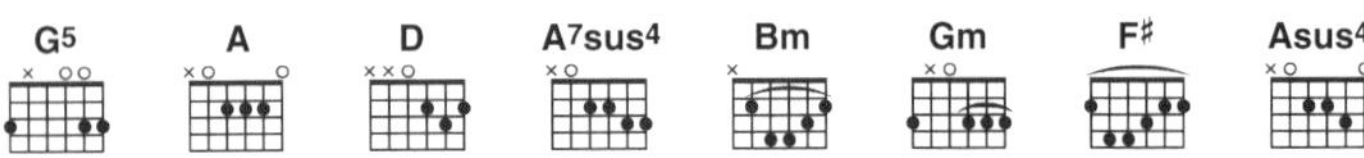

To match original recording, tune down a semitone

Intro ‖: G5 | G5 | A | A :‖

Verse 1

```
 D                          A7sus4       A
I wake up every day to find her back again,
Bm
Screaming my name through the astral plane,
         Gm
In this catalogue town she takes me down.
D
Down through the platinum spires,
         A7sus4                   A
Down through the telephone wires,
           Bm
And we shake it around on the underground,
              Gm
And like a new generation rise.
```

Bridge 1

```
               G5
And like all the boys in all the cities,
  A
I take the poison, take the pity.
G5
She and I, we soon discovered,
     A
We'd take the pills to find each other.
```

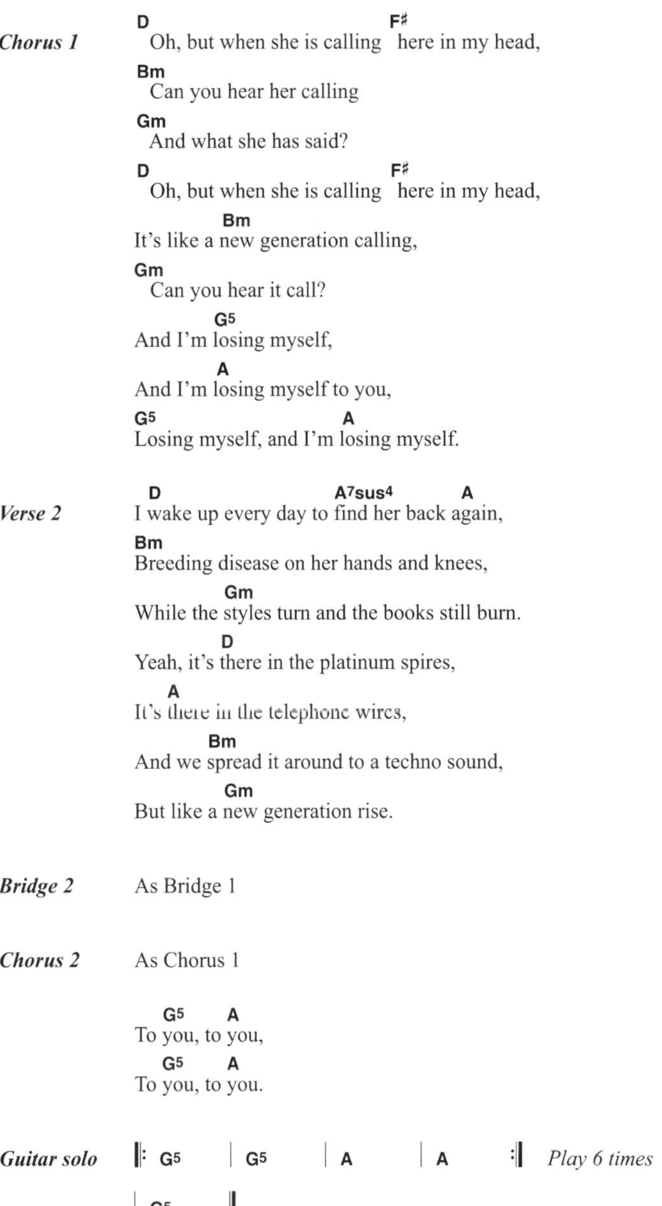

```
               D                               F♯
Chorus 1         Oh, but when she is calling   here in my head,
               Bm
                 Can you hear her calling
               Gm
                 And what she has said?
               D                               F♯
                 Oh, but when she is calling   here in my head,
                         Bm
               It's like a new generation calling,
               Gm
                 Can you hear it call?
                        G5
               And I'm losing myself,
                        A
               And I'm losing myself to you,
               G5                        A
               Losing myself, and I'm losing myself.

                 D                          A7sus4       A
Verse 2        I wake up every day to find her back again,
               Bm
               Breeding disease on her hands and knees,
                         Gm
               While the styles turn and the books still burn.
                         D
               Yeah, it's there in the platinum spires,
                   A
               It's there in the telephone wires,
                       Bm
               And we spread it around to a techno sound,
                         Gm
               But like a new generation rise.


Bridge 2       As Bridge 1


Chorus 2       As Chorus 1

                  G5     A
               To you, to you,
                  G5     A
               To you, to you.

Guitar solo    ||: G5    | G5    | A     | A     :||  Play 6 times

               | G5    ||
```

One More Red Nightmare

Words & Music by John Wetton, Robert Fripp & William Bruford

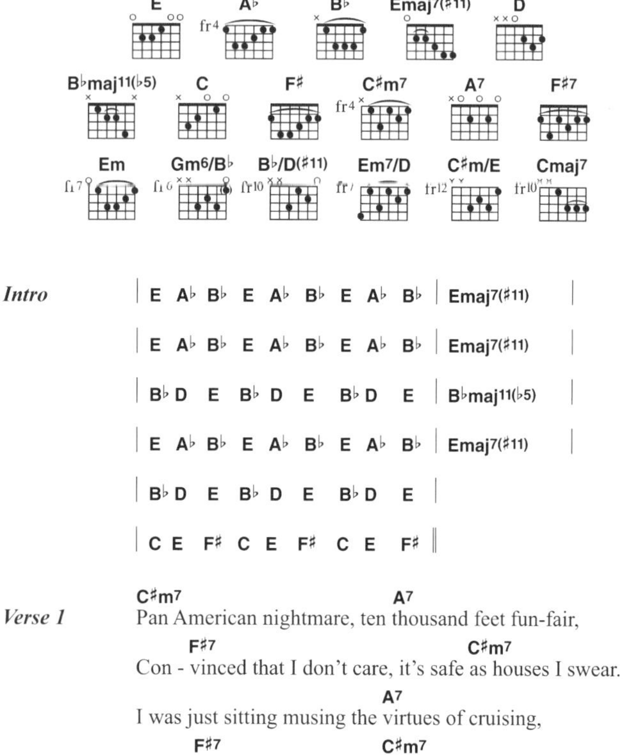

Intro | E A♭ B♭ E A♭ B♭ E A♭ B♭ | Emaj7(♯11) |

| E A♭ B♭ E A♭ B♭ E A♭ B♭ | Emaj7(♯11) |

| B♭ D E B♭ D E B♭ D E | B♭maj11(♭5) |

| E A♭ B♭ E A♭ B♭ E A♭ B♭ | Emaj7(♯11) |

| B♭ D E B♭ D E B♭ D E |

| C E F♯ C E F♯ C E F♯ ||

Verse 1

C♯m7 A7
Pan American nightmare, ten thousand feet fun-fair,
F♯7 C♯m7
Con - vinced that I don't care, it's safe as houses I swear.
A7
I was just sitting musing the virtues of cruising,
F♯7 C♯m7
When altitude dropping, my ears started popping.
C
One more red nightmare.

Link 1 As Intro

Verse 2

C♯m7 A7
Sweat beginning to pour down my neck as I turned 'round,
F♯7 C♯m7
I heard fortune shouting just get off of this outing.
A7
A farewell swan-song, see, you know how turbulence can be
F♯7 C♯m7
The stewardess made me, but the captain forbade me.
C
One more red nightmare.

Instrumental

Em	Em	Em	Em
Gm6/B♭	Gm6/B♭	B♭(add♯11)	B♭(add♯11)
Em	Em7/D	Em	Em7/D
C♯m/E	Cmaj7	
: Em	Em7/D	Em	Em7/D
Gm6/B♭	Gm6/B♭	B♭(add♯11)	B♭(add♯11)
Em	Em7/D	Em	Em7/D
C♯m/E	Cmaj7 :	*Play 3 times*

Link 2

As Intro

Verse 3

C♯m7 A7
Re - ality stirred me, my angel had heard me,
F♯7 C♯m7
The prayer had been answered, a re - prieve has been granted.
A7
The dream was now broken, though rudely awoken,
F♯7 C♯m7
Really safe and sound, a - sleep on the Greyhound.
C
One more red nightmare.

Outro

Em	Em	Em	Em
Gm6/B♭	Gm6/B♭	B♭(add♯11)	B♭(add♯11)
Em	Em7/D	Em	Em7/D
C♯m/E	Cmaj7 ‖		
‖: Em	Em7/D	Em	Em7/D
Gm6/B♭	Gm6/B♭	B♭(add♯11)	B♭(add♯11)
Em	Em7/D	Em	Em7/D
C♯m/E	Cmaj7 :‖		
Em	Em7/D	Em	Em7/D ‖

Personality Crisis

Words & Music by David Johansen & Johnny Thunders

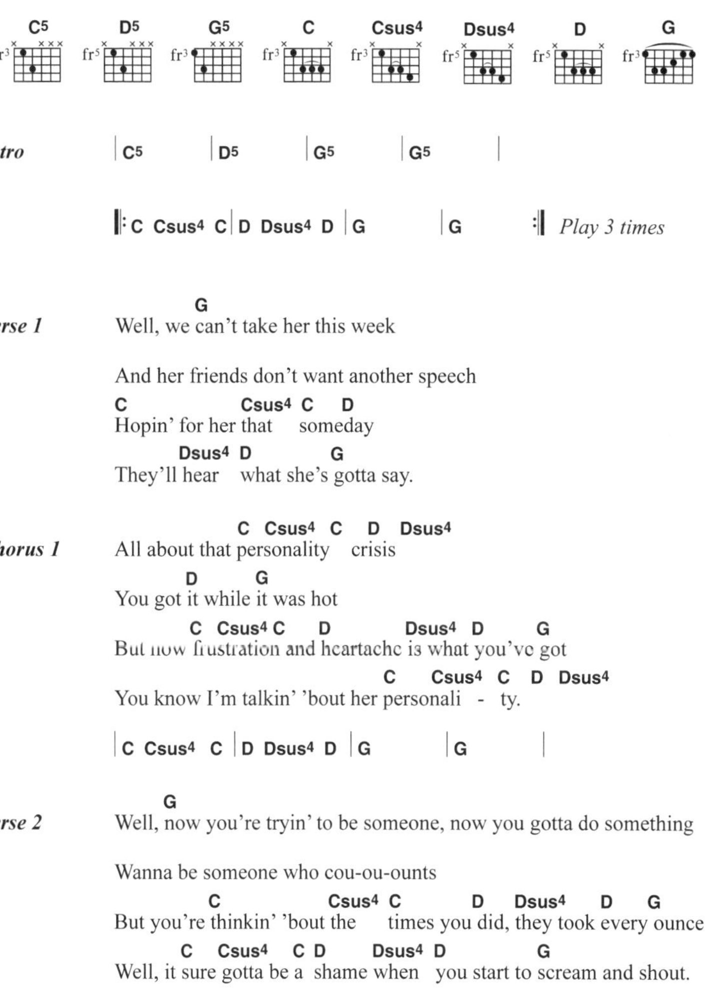
C5 D5 G5 C Csus4 Dsus4 D G
fr3 fr5 fr3 fr3 fr3 fr5 fr5 fr3
tro | C5 | D5 | G5 | G5 |
|: C Csus4 C | D Dsus4 D | G | G :| Play 3 times
G
rse 1 Well, we can't take her this week
And her friends don't want another speech
C Csus4 C D
Hopin' for her that someday
Dsus4 D G
They'll hear what she's gotta say.
C Csus4 C D Dsus4
horus 1 All about that personality crisis
D G
You got it while it was hot
C Csus4 C D Dsus4 D G
But now frustration and heartache is what you've got
C Csus4 C D Dsus4
You know I'm talkin' 'bout her personali - ty.
| C Csus4 C | D Dsus4 D | G | G |
G
rse 2 Well, now you're tryin' to be someone, now you gotta do something
Wanna be someone who cou-ou-ounts
C Csus4 C D Dsus4 D G
But you're thinkin' 'bout the times you did, they took every ounce
C Csus4 C D Dsus4 D G
Well, it sure gotta be a shame when you start to scream and shout.

© Copyright 1982 Haverstraw Music Publishing, USA.
EMI Songs Limited/Warner/Chappell North America Limited.
All Rights Reserved. International Copyright Secured.

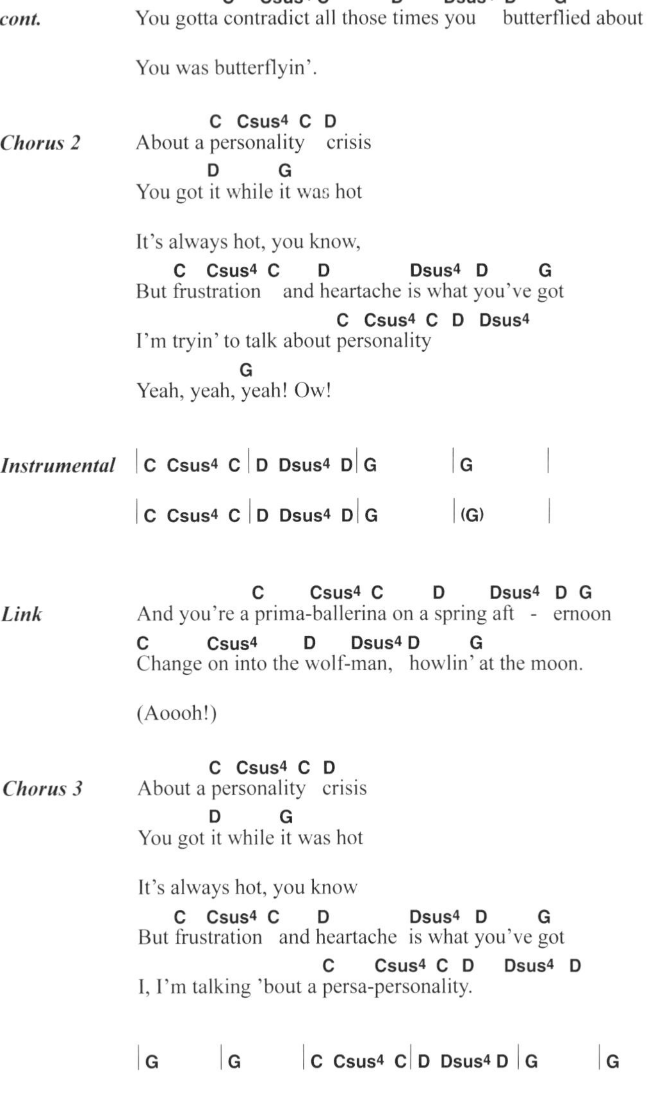

cont.

```
                C    Csus4 C        D      Dsus4  D     G
You gotta contradict all those times you    butterflied about

You was butterflyin'.
```

Chorus 2

```
          C  Csus4  C  D
About a personality    crisis
          D        G
You got it while it was hot

It's always hot, you know,
     C   Csus4  C      D             Dsus4   D       G
But frustration    and heartache is what you've got
                             C   Csus4  C   D   Dsus4
I'm tryin' to talk about personality
             G
Yeah, yeah, yeah! Ow!
```

Instrumental

```
| C  Csus4  C | D  Dsus4  D | G          | G          |

| C  Csus4  C | D  Dsus4  D | G          | (G)        |
```

Link

```
                  C       Csus4  C        D       Dsus4   D  G
And you're a prima-ballerina on a spring aft   -   ernoon
C        Csus4       D     Dsus4 D       G
Change on into the wolf-man,   howlin' at the moon.

(Aoooh!)
```

Chorus 3

```
          C  Csus4  C  D
About a personality   crisis
          D        G
You got it while it was hot

It's always hot, you know
     C   Csus4  C      D             Dsus4   D       G
But frustration   and heartache  is what you've got
                           C      Csus4  C  D     Dsus4   D
I, I'm talking 'bout a persa-personality.
```

```
| G       | G       | C  Csus4  C | D  Dsus4 D | G       | G       |
```

G
se 3 Now, with all the cards of fate that mother nature sends

Your mirror's gettin' jammed up with all your friends

C Csus4 C D Dsus4 D G
That's person - al - ity, every scene is startin' to blend

C Csus4 C D Dsus4 D G
Person - al - ity, when your mind starts to bend

C Csus4 C D Dsus4 D G
Got so much person - al - ity, flashin' of a friend, of a friend

Of a friend, of a friend, of a friend

C Csus4 C D Dsus4 D G
Person - al - ity, wonderin' how celebrities ever mend,

Looking fine on television.

C Csus4 C D Dsus4
orus 4 Person - al - ity crisis

D G
You got it while it was hot

C Csus4 C D Dsus4 D G
It's always hot, you know, but frustration and heartache is all you've got

C Csus4 C D Dsus4 D G
Don't you worry, it's just a person - al - ity crisis, please don't cry

C Csus4 C D Dsus4 D G
It's just a person - al - ity crisis, please don't stop

C Csus4 C D
Because you walk a person - al - ity, talk a

Dsus4 D Dsus4 D G
Per - son - al - i - ty.

One Track Mind

Words & Music by Linda Colley & Keith Colley

E C♯m F♯ F♯m A7

Intro |: E | E | E | E :|

Verse 1
E
There's no denying, I've been crying, yeah, without her.

Somebody help me please, I can't forget about her.

Chorus 1
C♯m F♯
I got a one track mind,
C♯m F♯
Maybe I'm a stubborn fool.
F♯m F♯ E
Somebody please, tell me what to do.

Verse 2
E
Don't try to tell me some girl will be taking her place.

I close my eyes and all I visualise is her face.

Chorus 2
C♯m F♯
I got a one track mind,
C♯m F♯
I won't believe that girl is gone
F♯m F♯ E
Somebody please, tell me I'm not wrong.

Bridge

```
C#m          F#
I can see her by my side,
C#m               F#
But the more I stare,
C#m                      F#
Makes me want to run and hide,
C#m                                A7
When I find out she's not there.
```

Link 1 𝄆 E | E | E | E 𝄇

Chorus 3 As Chorus 2

Link 2 | E | E | E | E |

Verse 3 As Verse 1

Chorus 4 As Chorus 1

Link 3 | E | E | E | E |

Outro

```
             C#m      F#
I got a one track mind,
    C#m      F#
𝄆 One track mind. 𝄇
```
Repeat to fade

Open My Eyes

Words & Music by Todd Rundgren

E* Gmaj7 Dmaj7 E** D Bm7 E
A/C♯ D/C E7 Amaj9 Gmaj9 Gsus4 Bm

Riff reference
riff 1

A	F♯	G	G♯	A	B♭	B	D	E♭	E
5fr	2fr	3fr	4fr	0fr	1fr	2fr	0fr	1fr	2fr
⑥	⑥	⑥	⑥	⑤	⑤	⑤	④	④	④

Intro | E* Gmaj7 | Dmaj7 E** | E* Gmaj7 | Dmaj7 E** ||

||: riff 1 :|| *Play 4 times*

Verse 1

```
           E*(riff 1)    D                  Bm7   D   E*
Under - neath your gaze I was found in,
      (riff 1)       D                  Bm7    D   E*
The haze I'm wandering a - round in.
       (riff 1)        D                Bm7  D      E*
I am lost in the dark of my own  room,
         (riff 1)          D                  Bm7    D      E*
And I can't see a thing but the fire in your eyes.
```

Chorus 1

```
                 E                          A/C♯ E
Clear my eyes, make me wise,
                                   A/C♯ E
Or is all I believe in lies?
                                                   A/C♯ E
I really don't know when or where to go,
                           D                A/C♯       E
And I can't see a thing till you open my eyes.
```

Verse 2

```
                   E*(riff 1) D                      Bm7   D   E*
I've been told by   some you'll for - get me,
        (riff 1)    D                Bm7   D   E*
The thought doesn't up - set me.
         (riff 1)    D                     Bm7   D   E*
I am blind to whatever they're saying,
        (riff 1) D                  Bm7    D      E*
And all I    can see is the fire in your eyes.
```

Chorus 2 As Chorus 1

Chorus 3

```
                D              A/C♯     E
Can't see a thing till you open my eyes.
                D              A/C♯     E
Can't see a thing till you open my eyes.
                D              A/C♯     E
Can't see a thing till you open my eyes.
                D              A/C♯     D/C
Can't see a thing till you open my eyes.
```

Bridge

```
(D/C)     Bm7          E7      Amaj9
Can't be - lieve that it's on your mind,
                  Gmaj9  Gsus4
To leave me be - hind.______
```

Solo

```
| Bm    D E* 6/4| Bm    D E*  4/4| Bm    D E* | E*        |
| Bm    D E* 6/4| E*            4/4|
| Bm    D E* | E*            | E*        ||
|: riff 1   :|   Play 4 times
```

Chorus 4 As Chorus 1

Chorus 5

```
                D              A/C♯     E
Can't see a thing till you open my eyes.
                D              A/C♯     E
Can't see a thing till you open my eyes.
                D              A/C♯     E
Can't see a thing till you open my eyes.
                D              A/C♯     E
Can't see a thing till you open my eyes.
```

Outro

```
   E
|: Open my eyes. :|   Repeat to fade
```

Ramblin' Rose

Words & Music by Fred B. Burch & Marijohn Wilkin

Intro 1

Brothers and Sisters! I want to see a sea of hands out there!
Let me see a sea of hands! I want everyone to kick up some nois
I want to hear some revolution out there, brothers!
I want to hear a little revolution!
Brothers and sisters,
The time has come for each and every one of you to decide
Whether you are going to be the problem,
Or whether you are going to be the solution! (That's right!)
You must choose brothers, you must choose!
It takes five seconds, five seconds of decision,
Five seconds to realize your purpose here on the planet!
It takes five seconds to realize that it's time to move,
It's time to get down with it!
Brothers, it's time to testify and I want to know:
Are you ready to testify?
Are you ready?
I give you a testimonial: The MC5!

Intro 2

| E5 | E5 | E5 | E5 |

| A5 | A5 | E5 | E5 |

Riff 1
| A5 G5/A A5 G5/A A5 G5/A | A5 G5/A A5 G5/A A5 G5/A ||

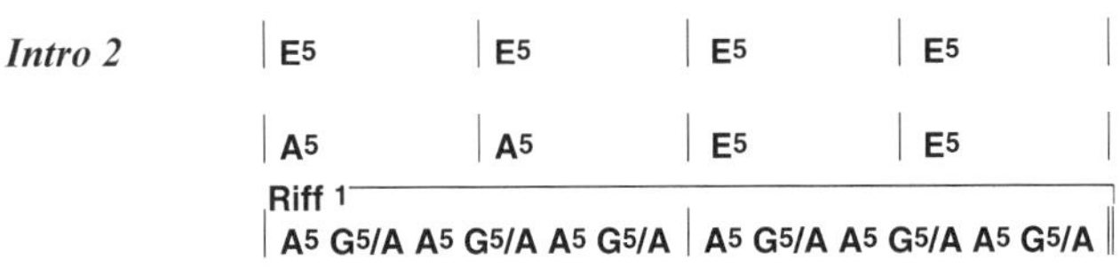

Verse 1

```
E5   N.C.                            A5(riff1)
     Love is like a ramblin' rose
E5   N.C.
     The more you feed it, the more it grows,
B5                A5
Ramblin' Rose, Ramblin' Rose,
           E5
Aah, aah, aah.
```

Link 1

| E5 | E5 | E5 | E5 |

| A5 | A5 | E5 | E5 |

| A5(riff1) | (A5) ||

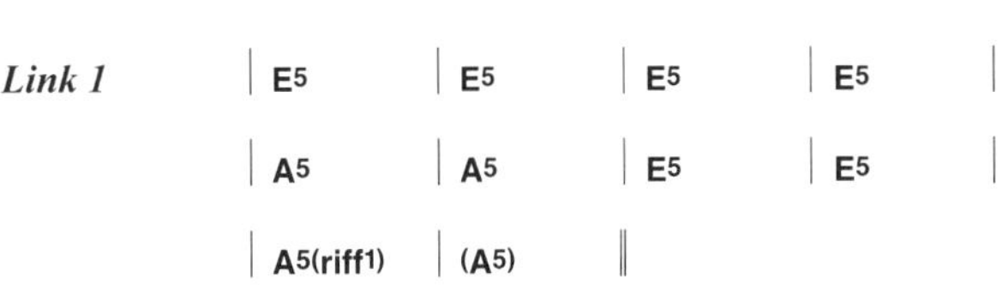

Verse 2

E5 N.C. A5(riff1)
Ramblin' Rose I'm searching for,
E5 N.C.
Diamond rings and a Cadillac car,
B5 A5
Ramblin' Rose, Ramblin' Rose,
E5
Aah, aah, aah.

Solo 1

E5	E5	E5	E5
A5	A5	E5	E5
A5(riff1)	(A5)	

Verse 3

E5 N.C. A5(riff1)
Ramblin' Rose, a-ramblin' around,
E5 N.C.
Ramblin' Rose, I'm gonna put you down.
B5 A5
Ramblin' Rose, Ramblin' Rose,
E5
Aah, aah, aah.

Solo 2

As Solo 1

Verse 4

As Verse 1

Outro

B5
I need a Ramblin' Rose.
E5
Ramblin' Rose, Ramblin' Rose.
B5
Ramblin' Rose, Ramblin' Rose.
E5
Ramblin' Rose, Ramblin' Rose.
B5
Ramblin' Rose, Ramblin' Rose.
E5
Ramblin' Rose, ba-ba-ba-ba,
B5 E7(♯9)
Ramblin' Rose, Ramblin' Rose...

Re-Ignition

Words & Music by Paul Hudson, Garry Miller & Darryl Jenifer

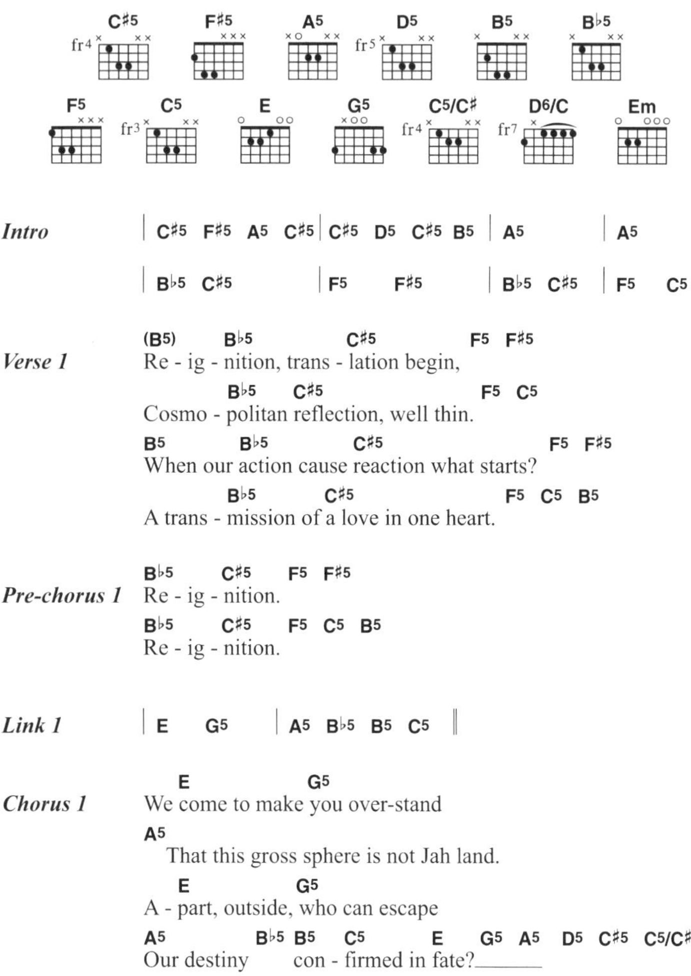
C♯5 F♯5 A5 D5 B5 B♭5
F5 C5 E G5 C5/C♯ D6/C Em
fr4 fr5 fr3 fr4 fr7
Intro | C♯5 F♯5 A5 C♯5 | C♯5 D5 C♯5 B5 | A5 | A5
| B♭5 C♯5 | F5 F♯5 | B♭5 C♯5 | F5 C5
Verse 1
(B5) B♭5 C♯5 F5 F♯5
Re - ig - nition, trans - lation begin,
B♭5 C♯5 F5 C5
Cosmo - politan reflection, well thin.
B5 B♭5 C♯5 F5 F♯5
When our action cause reaction what starts?
B♭5 C♯5 F5 C5 B5
A trans - mission of a love in one heart.
Pre-chorus 1
B♭5 C♯5 F5 F♯5
Re - ig - nition.
B♭5 C♯5 F5 C5 B5
Re - ig - nition.
Link 1 | E G5 | A5 B♭5 B5 C5 ||
Chorus 1
E G5
We come to make you over-stand
A5
That this gross sphere is not Jah land.
E G5
A - part, outside, who can escape
A5 B♭5 B5 C5 E G5 A5 D5 C♯5 C5/C♯
Our destiny con - firmed in fate?

© Copyright 1986 Bad Brains Publishing.
Fintage Publishing B.V.
All Rights Reserved. International Copyright Secured.

Link 2 | B♭5 C♯5 | F5 F♯5 | B♭5 C♯5 | F5 C5 B5 ‖

Verse 2
(B5) B♭5 C♯5 F5 F♯5
Re - ig - niton can - cellation can't win,
B♭5 C♯5 F5 C5
No ce - lestial terrestrial begin.
B5 B♭5 C♯5 F5 F♯5
When grace melts inside your hand and my heart,
B♭5 C♯5 F5 C5 B5
Is the glory that much closer or a - part?

Pre-chorus 2 As Pre-chorus 1

Link 3 As Link 1

Chorus 2 As Chorus 1

Bridge
D6/C Em
Always and forever near or far,
D6/C Em C♯5
Safe in your bosom here we are.
D6/C Em
Pain does not mean feel no joy,
D6/C Em C♯5
Re-ignition for girl and for boy.

Link 4 | C♯5 F♯5 A5 C♯5 | C♯5 D5 C♯5 B5 | A5 | A5 ‖

Solo ‖: B♭5 C♯5 | F5 F♯5 | B♭5 C♯5 | F5 C5 B5 :‖

```
               B♭5     C♯5    F5  F♯5
Pre-chorus 3   Re - ig - nition.
               B♭5     C♯5    F5  C5  B5
               Re - ig - nition.
               B♭5     C♯5    F5  F♯5
               Re - ig - nition.
               B♭5     C♯5    F5  C5  B5
               Re - ig - nition.


Link 5         | E    G5     | A5  B♭5  B5  C5  ||


                 E           G5
Chorus 3       We love to make you over-stand
               A5
                 That this gross sphere is not Jah land.
                 E           G5
               A - part, outside who can escape
               A5          B♭5 B5   C5      E   G5  A5  D5  C♯5  C5/C♯
                 Millennium    con - firmed in fate?_____
```

Rise Above

Words & Music by Gregory Ginn

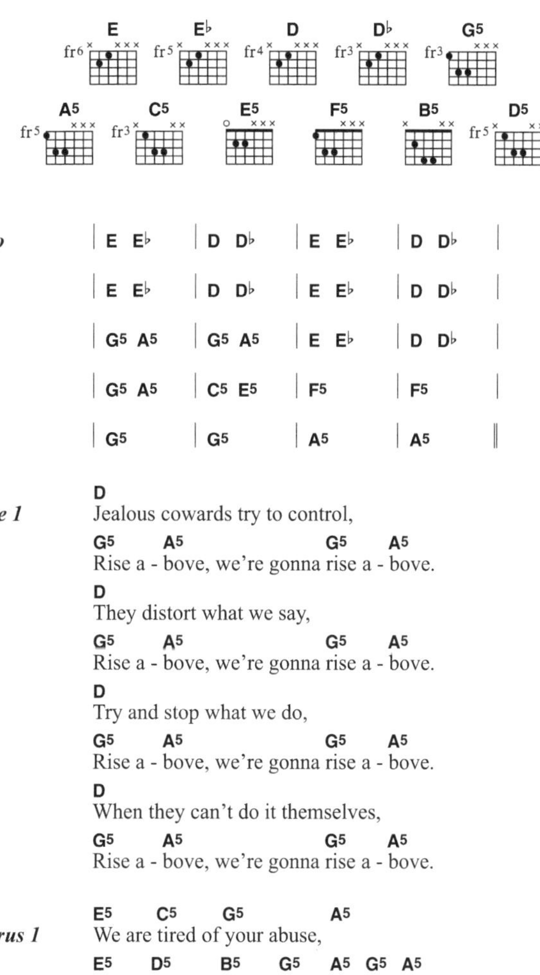

Intro

E E♭	D D♭	E E♭	D D♭
E E♭	D D♭	E E♭	D D♭
G5 A5	G5 A5	E E♭	D D♭
G5 A5	C5 E5	F5	F5
G5	G5	A5	A5 ‖

Verse 1

```
D
Jealous cowards try to control,
G5        A5                        G5      A5
Rise a - bove, we're gonna rise a - bove.
D
They distort what we say,
G5        A5                        G5      A5
Rise a - bove, we're gonna rise a - bove.
D
Try and stop what we do,
G5        A5                        G5      A5
Rise a - bove, we're gonna rise a - bove.
D
When they can't do it themselves,
G5        A5                        G5      A5
Rise a - bove, we're gonna rise a - bove.
```

Chorus 1

```
E5      C5       G5             A5
We are tired of your abuse,
E5       D5        B5        G5      A5   G5   A5
Try to stop us; it's no use.
```

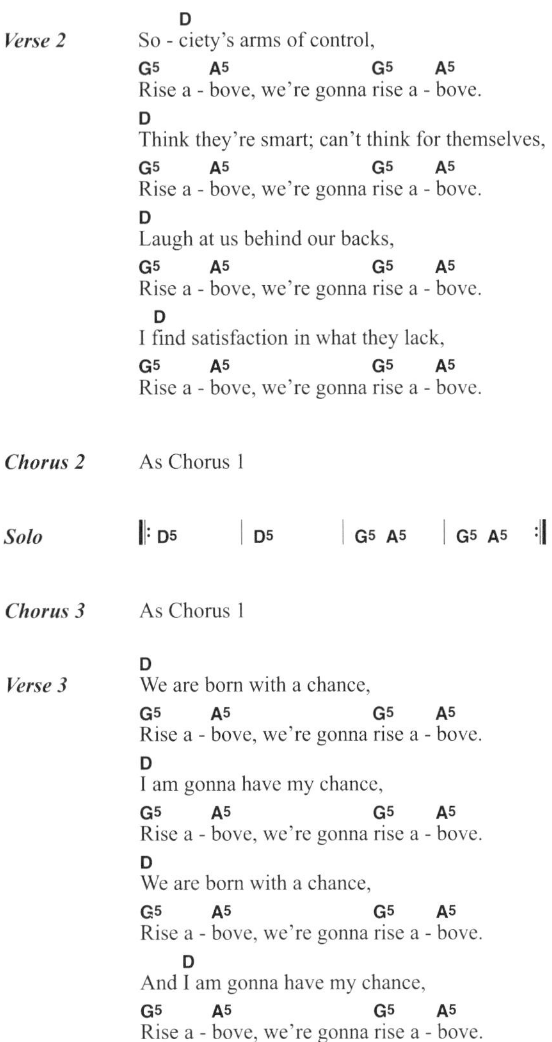

Verse 2

D
So - ciety's arms of control,
G5 A5 G5 A5
Rise a - bove, we're gonna rise a - bove.
D
Think they're smart; can't think for themselves,
G5 A5 G5 A5
Rise a - bove, we're gonna rise a - bove.
D
Laugh at us behind our backs,
G5 A5 G5 A5
Rise a - bove, we're gonna rise a - bove.
D
I find satisfaction in what they lack,
G5 A5 G5 A5
Rise a - bove, we're gonna rise a - bove.

Chorus 2

As Chorus 1

Solo

‖: D5 | D5 | G5 A5 | G5 A5 :‖

Chorus 3

As Chorus 1

Verse 3

D
We are born with a chance,
G5 A5 G5 A5
Rise a - bove, we're gonna rise a - bove.
D
I am gonna have my chance,
G5 A5 G5 A5
Rise a - bove, we're gonna rise a - bove.
D
We are born with a chance,
G5 A5 G5 A5
Rise a - bove, we're gonna rise a - bove.
D
And I am gonna have my chance,
G5 A5 G5 A5
Rise a - bove, we're gonna rise a - bove.

Chorus 4 As Chorus 1

Outro

```
G5       A5     G5      A5     G5      A5
Rise a - bove, rise a - bove, rise a - bove,
                G5      A5
We're gonna rise a - bove,
                G5      A5
We're gonna rise a - bove,
                G5      A5
We're gonna rise a - bove.
```

Rock 'N' Roll Train

Words & Music by Angus Young & Malcolm Young

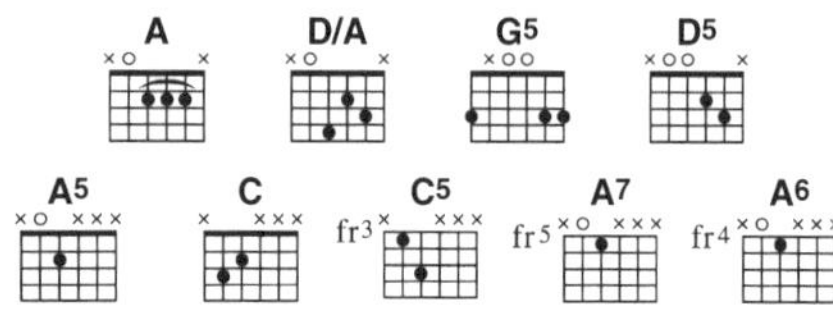

Intro 𝄆 A D/A A D/A | G5 D5 | D5 A 𝄇 *Play 4 times*

Verse 1

```
A  D/A  A  D/A  N.C.
                One hot angel,
A  D/A  A  D/A  A  N.C.
                   One cool devil.
A  D/A  A  D/A  N.C.
                Your mind on the fantasy,
A  D/A  A  D/A  A  N.C.
                   Living on the ecstasy.
A5          C       G5
Give it all,    give it,
D5       C5    D5
Give it what you got.
A  C  G5          D5        C5  D5
      Come on give it all  a lot.
A5        C        G5
Pick it and up move it,
D5        C5  D5
Give it to   the spot.
A  C  G5     D5
      Your mind on fantasy,

Living on ecstasy.
```

```
            A       D/A  A    D/A     G5        D5     A
Chorus 1    Run  -  a  -  way train, (running right off the track.)
                    D/A  A    D/A     G5        D5     A
            Run  -  a  -  way train, (running right off the track.)
                    D/A  A    D/A     G5        D5     A
            Run  -  a  -  way train, (running right off the track.)
                                D/A  A    D/A     G5        D5     A
            Yeah, the run  -  a  -  way train, (running right off the track.)

            A  D/A  A  D/A  N.C.
Verse 2                     One hard ring a bell,
            A  D/A  A  D/A  A  N.C.
                               Old school rebel.
            A  D/A  A  D/A  N.C.
                            A ten for the revelry,
            A  D/A  A  D/A  A  N.C.
                               Jamming up the agency.
            A5         C  G5
            Shake it,     shake it,
            D5       C5  D5
            Take it to   the spot.
            A  C  G5                D5       C5     D5
                  You know she make it real - ly hot.
            A5           C   G5
            Get it on, get it up,
            D5           C5   D5
            Come on give it all you got.
            A  C  G5   D5
                  Your mind on fantasy,

            Living on the ecstasy.

            A       A/D  A    A/D     G5        D5     A
Chorus 2    Run  -  a  -  way train, (running right off the track.)
                                A/D  A    A/D     G5        D5     A
            Yeah, the run  -  a  -  way train, (running right off the track.)
                            A/D  A    A/D     G5        D5     A
            On the run  -  a  -  way train, (running right off the track.)
                    A/D  A    A/D     G5        D5     A
            Run  -  a  -  way train, (running right off the track.)

Guitar solo | A  D/A  A | G5  D5 | A  D/A  A | G5  D5 | A  D/A  A |

            | G5  D5 | A      | N.C.     | N.C.     | N.C.     | N.C.     ||
```

Verse 3

```
A   D/A   A   D/A   N.C.
                    One hot Southern belle,
A   D/A   A   D/A   A   N.C.
                        Son of a devil.
A   D/A   A   D/A   N.C.
                    A school boy's spelling bee,
A   D/A   A   D/A   A   N.C.
                        A school girl and a fantasy.
A7  A6  A5
        One hard ring a bell,
A7  A6  A5
        All screwed up.
A7  A6  A5
        A ten for the revelry,
A7  A6  A5
        Jamming up the agency.
G5      D5
Shake it, shake it,
A
Take it to the spot.
G5  D5              A
      You know she make it really hot, yeah.
G5        D5
Get it on, get it up,
A
Come on give it what you got.
G5  D5    A
      You know she's just like a...
```

Chorus 3

```
A       D/A A   D/A  G5 D5            A
Run  -  a  -  way train,   she's coming off the track.
        D/A A   D/A          G5      D5   A
Run  -  a  -  way train, yeah, (running right off the track.)
G5        D5
Get it on, get it up,
A
Come on give it all you got.
G5        D5    A
Runaway train,
G5        D5   A
(Running right off the track.)
G5        D5    A
Runaway train,
G5        D5   A            G5  D5  A
(Running right off the track.)
```

Sultans Of Swing

Words & Music by Mark Knopfler

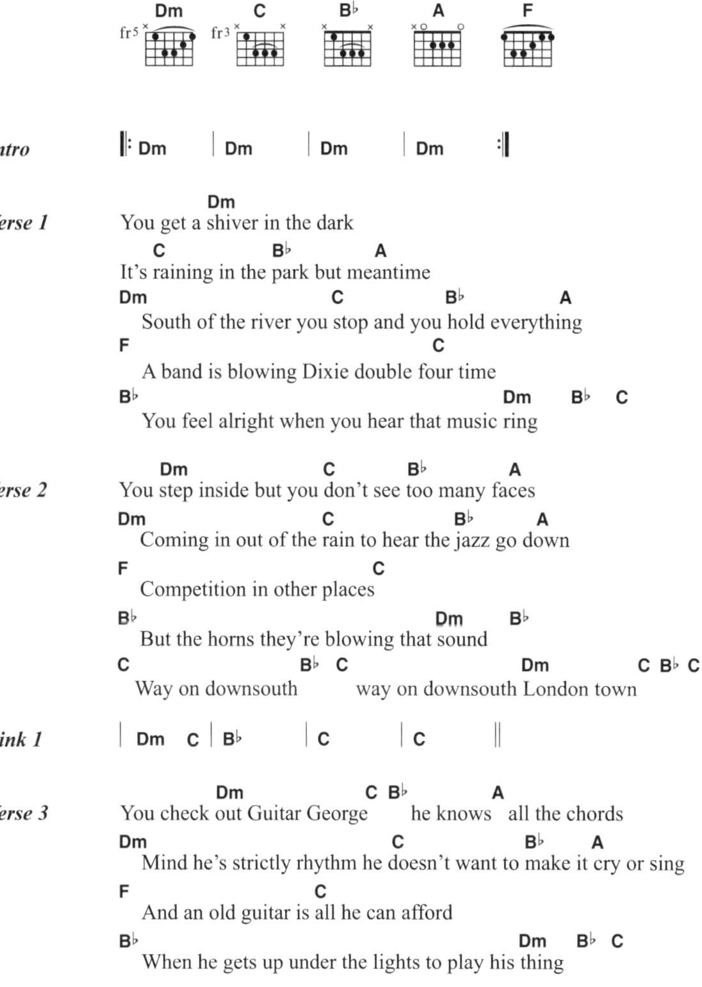
Dm C B♭ A F
fr5
fr3
Intro
Dm | Dm | Dm | Dm
Verse 1
Dm
You get a shiver in the dark
C B♭ A
It's raining in the park but meantime
Dm C B♭ A
South of the river you stop and you hold everything
F C
A band is blowing Dixie double four time
B♭ Dm B♭ C
You feel alright when you hear that music ring
Verse 2
Dm C B♭ A
You step inside but you don't see too many faces
Dm C B♭ A
Coming in out of the rain to hear the jazz go down
F C
Competition in other places
B♭ Dm B♭
But the horns they're blowing that sound
C B♭ C Dm C B♭ C
Way on downsouth way on downsouth London town
Link 1
Dm C | B♭ | C | C
Verse 3
Dm C B♭ A
You check out Guitar George he knows all the chords
Dm C B♭ A
Mind he's strictly rhythm he doesn't want to make it cry or sing
F C
And an old guitar is all he can afford
B♭ Dm B♭ C
When he gets up under the lights to play his thing

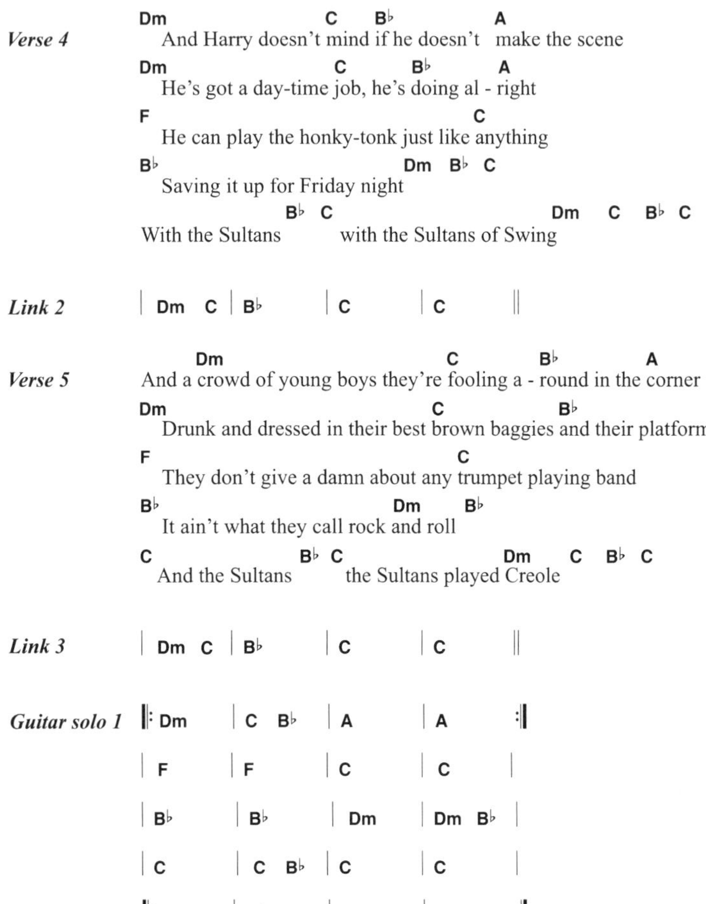
Verse 4
Dm C B♭ A
And Harry doesn't mind if he doesn't make the scene
Dm C B♭ A
He's got a day-time job, he's doing al - right
F C
He can play the honky-tonk just like anything
B♭ Dm B♭ C
Saving it up for Friday night
B♭ C Dm C B♭ C
With the Sultans with the Sultans of Swing
Link 2
| Dm C | B♭ | C | C ||
Verse 5
Dm C B♭ A
And a crowd of young boys they're fooling a - round in the corner
Dm C B♭
Drunk and dressed in their best brown baggies and their platform
F C
They don't give a damn about any trumpet playing band
B♭ Dm B♭
It ain't what they call rock and roll
C B♭ C Dm C B♭ C
And the Sultans the Sultans played Creole
Link 3
| Dm C | B♭ | C | C ||
Guitar solo 1
: Dm	C B♭	A	A :
F	F	C	C
B♭	B♭	Dm	Dm B♭
C	C B♭	C	C
: Dm C	B♭	C	C :

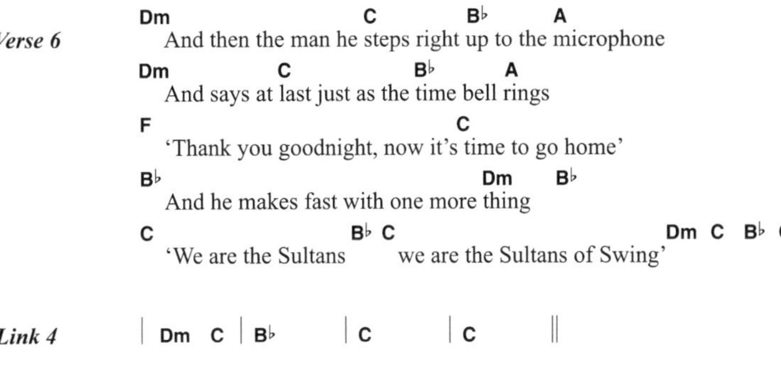

Verse 6
Dm C B♭ A
And then the man he steps right up to the microphone
Dm C B♭ A
And says at last just as the time bell rings
F C
'Thank you goodnight, now it's time to go home'
B♭ Dm B♭
And he makes fast with one more thing
C B♭ C Dm C B♭ C
'We are the Sultans we are the Sultans of Swing'
Link 4
| Dm C | B♭ | C | C ||

Guitar solo 2 ||: Dm C | B♭ | C | C :|| *Play 8 times to fade*

Shapes Of Things

Words & Music by Jim McCarty, Paul Samwell Smith & Keith Relf

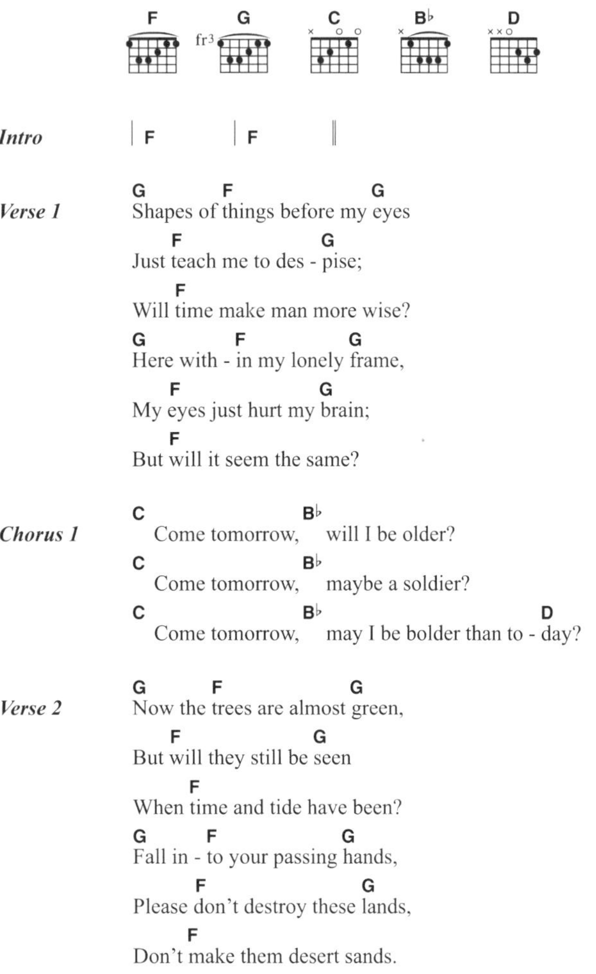

Intro | F | F ||

Verse 1

```
G          F                     G
Shapes of things before my eyes
     F                   G
Just teach me to des - pise;
      F
Will time make man more wise?
G            F            G
Here with - in my lonely frame,
     F                  G
My eyes just hurt my brain;
     F
But will it seem the same?
```

Chorus 1

```
C                        B♭
   Come tomorrow,    will I be older?
C                        B♭
   Come tomorrow,    maybe a soldier?
C                        B♭                             D
   Come tomorrow,    may I be bolder than to - day?
```

Verse 2

```
G         F                   G
Now the trees are almost green,
     F                 G
But will they still be seen
        F
When time and tide have been?
G       F                  G
Fall in - to your passing hands,
        F                    G
Please don't destroy these lands,
        F
Don't make them desert sands.
```

Chorus 2 As Chorus 1

Solo

```
|: G      | F      | G      | F      :|  Play 3 times
|  G      | F      | B♭     | D      ||
```

Verse 3

```
G       F                G
Soon, I hope that I will find
          F            G
Thoughts deep within my mind,
     F                   G
That won't disgrace my kind.
```

So Good At Being In Trouble

Words & Music by Ruban Nielson

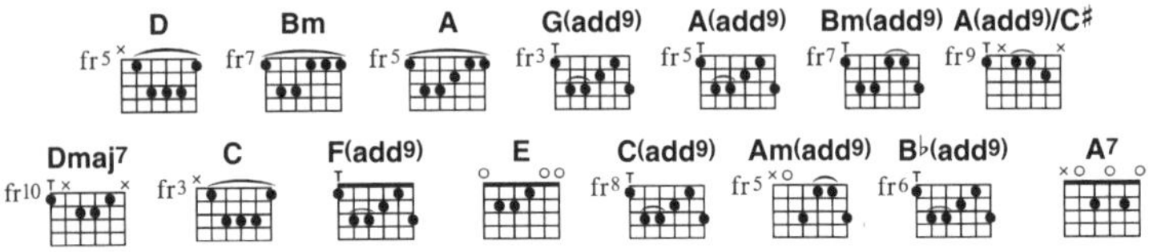

D fr5 | Bm fr7 | A fr5 | G(add9) fr3 | A(add9) fr5 | Bm(add9) fr7 | A(add9)/C♯ fr9

Dmaj7 fr10 | C fr3 | F(add9) | E | C(add9) fr8 | Am(add9) fr5 | B♭(add9) fr6 | A7

Intro

Riff 1
F♯ 4fr ④ E 2fr ④ C♯ 4fr ⑤ B 2fr ⑤ A 5fr ⑥ B 2fr ⑤

Verse 1

D ... A 5fr ⑥ B 7fr ⑥ C♯ 9fr ⑥ Bm ... A
Now, that you're gone, it's been a long, lonely time,

G(add9) A(add9) Bm(add9) A(add9)/C♯ Dmaj7 Riff 1
It's a long, sad, lone - ly time.

D ... A 5fr ⑥ B 7fr ⑥ C♯ 9fr ⑥ Bm ... A
Rolling along, I'm in a strange state of mind,

G(add9) A(add9) Bm(add9) A(add9)/C♯ Dmaj7 Riff 1
It's a strange old state of mind.

Pre-chorus 1

C ... G(add9)
Memories, they mess with my mind,

F(add9) E
Who am I to de - ny?

Chorus 1

(E) C(add9)
She was so good at being in trouble.

Am(add9) F(add9) G(add9)
So good at being in trouble.

C(add9)
So good at being in trouble.

Am(add9) F(add9) G(add9)
So good at being in trouble.

C(add9)
So good at being in trouble.

Am(add9) F(add9) G(add9)
So good at being in trouble.

C(add9)
So good at being in trouble,

B♭(add9) Am(add9) A7 Riff 1
So bad at being in love.

Verse 2

```
D                                   A    B    C♯
                                    5fr  7fr  9fr
                                    ⑥    ⑥    ⑥  Bm          A
   Now, that you're gone, it's been a  long, lonely time,
     G(add9)  A(add9)  Bm(add9)  A(add9)/C♯  Dmaj7  Riff 1
It's a long,  sad,     lone  -   ly          time.
                          A    B   C♯
                          5fr  7fr 9fr
D                         ⑥    ⑥   ⑥  Bm          A
   Rolling along, I'm in  a  strange state of mind,
     G(add9)  A(add9)  Bm(add9)  A(add9)/C♯  Dmaj7  Riff 1
It's a strange old     state     of          mind.
```

Pre-chorus 2

```
C                                G(add9)
   Memories, they mess with my mind,
          F(add9)  E
Who am I to de - ny?
```

Chorus 2

```
(E)        C(add9)
She was    so good at being in trouble.
Am(add9)     F(add9)  G(add9)
   So good at being in trouble.
C(add9)
   So good at being in trouble.
Am(add9)     F(add9)  G(add9)
   So good at being in trouble.
C(add9)
   So good at being in trouble.
Am(add9)     F(add9)  G(add9)
   So good at being in trouble.
C(add9)
   So good at being in trouble,
B♭(add9)     Am(add9)      A7
   So bad at being in love.
```

Outro

```
|: A7    | A7    | A7    | A7    :|   Repeat to fade
```

So Lonely

Words & Music by Sting

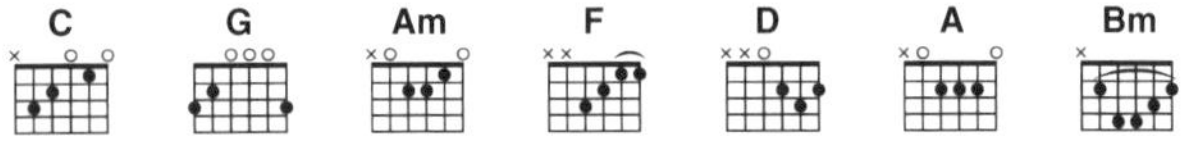

C G Am F D A Bm

Verse 1

C G Am F
Well someone told me yesterday
C G Am F
That when you throw your love away
C G Am F
You act as if you just don't care,
C G Am F
You look as if you're going somewhere.
C G Am F
But I just can't convince myself,
C G Am F
I couldn't live with no-one else,
C G Am F
And I can only play that part
C G Am F
And sit and nurse my broken heart.

Chorus 1

C G Am F
So lonely, so lonely, so lonely,
C G Am F
So lonely, so lonely, so lonely,
C G Am F
So lonely, so lonely, so lonely,
C G Am F
So lonely, so lonely, so lonely.

```
             C      G                  Am       F
Verse 2         Now no-one's knocked upon my door
             C   G           Am        F
                For a thousand years or more.
             C     G            Am      F
                All made up and nowhere to go,
             C   G           Am         F
                Welcome to this one man show.
             C      G                 Am       F
                Just take a seat, they're always free,
             C   G           Am     F
                No surprise, no mystery.
             C       G        Am        F
                In this theatre that I call my soul,
             C    G             Am        F
                I always play the starring role.


             C        G          Am        F
Chorus 2      So lonely,  so lonely,  so lonely,
             C        G          Am        F
              So lonely,  so lonely,  so lonely,
             C        G          Am        F
              So lonely,  so lonely,  so lonely,
             C        G          Am        F
              So lonely,  so lonely,  so lonely.


Instrumental |: D     | A      | Bm      | G       :|  Play 7 times

             |  D     | A      | Bm      | G        ||
                                          So lonely,

                D        A          Bm         G
Outro        |: so lonely,  so lonely,  so lonely.     :|  Repeat to fade
```

Strange Brew

Words & Music by Eric Clapton, Felix Pappalardi & Gail Collins

A fr5 | D9 fr4 | E7♯9 fr6 | D7♯9 fr4 | A9 fr4

Intro

| A | A | A | A |

| D9 | D9 | A | A |

E7♯9 D7♯9 A
Strange brew, killin' what's inside of you. ___

Verse 1

A D9
She's a witch of trouble in electric blue,
A D9
In her own mad mind she's in love with you, with you.
A
Now what you gonna do?
E7♯9 D7♯9 A
Strange brew, killin' what's inside of you. ___

Verse 2

A D9
She's some kind of demon messin' in the glue,
A D9
If you don't watch out it'll stick to you, to you.
A
What kind of fool are you?
E7♯9 D7♯9 A
Strange brew, killin' what's inside of you. ___

Solo

| A | A | A | A |

| D9 | D9 | A | A |

| E7♯9 | D7♯9 | A | A ||

Verse 3

A D9
On a boat in the middle of a raging sea

A D9
She would make a scene for it all to be ignored.

A
And wouldn't you be bored?

E7♯9 D7♯9 A N.C.
Strange brew, killin' what's inside of you. ____

Coda

A D9
Strange brew,

A
Strange brew.

D9 D7♯9
Strange brew,

A
Strange brew,

E7♯9 D7♯9 A N.C. A9
Strange brew, killin' what's inside of you. ____

Sunday Girl

Words & Music by Chris Stein

D G A E B C♯m G♯m F♯

fr3 fr4 fr4

Intro | D | D | D | D ‖

Verse 1

```
D           G   A        D
I know a girl from a lonely street,
G        A                D
Cold as ice cream, but still as sweet,
G          A              D
Dry your eyes, Sunday girl.
                     G    A       D
Hey, I saw your guy with a different girl,
G            A            D
Looks like he's in an - other world,
G          A              D
Run and hide, Sunday girl.
```

Bridge 1

```
G
Hurry up, hurry up and wait.
           D
I stay a - way all week and still I wait.
  G
I got the blues,

Please come see,
E                  A              B
What your loving means to me.
```

Verse 2

E   A   B   E
She can't catch up with the lucky crowd,

    A   B   E
The weekend mood and she's feeling proud,

A   B   E
Live in dreams, Sunday girl.

         A   B   E
“Baby, I would like to go out tonight,

     A   B   E
If I go with you my folks will get uptight.”

A   B   C#m
Stay at home, Sunday girl.

     G#m F# A B
Ooh.____

Verse 3

E   A   B   E
Hey, I saw your guy with a different girl,

A   B   E
Looks like he's in an - other world.

A   B   E
Run and hide, Sunday girl.

         A   B   E
When, I saw you a - gain in the summer time,

A   B   E
If your love was as sweet as mine,

A   B   E
I could be Sunday girl.

Bridge 2

A
Hurry up, hurry up and wait.

          E
I stay a - way all week and still I wait.

  A
I got the blues,

Please come see,

E
What your loving means to me.

Bridge 3

```
     A
Hurry up!
                                 E
Hurry up, hurry up and wait.
                                   A
I got the blues, please, please.

Please come see,
                       E
What you do to me.

I got the blues.
```

Interlude

```
| A     | A     | E     | E     |
| A     | A     | E     | E     ||
```

Bridge 4

```
A               E
   Hurry up!
                                 A
Hurry up, hurry up and wait.

Hurry up!
E
Please come see,
                       A
What you do to me.
```

Outro

```
|: A     | A     | E     | E     :|  Play 4 times then fade
 (me.)
```

This Town Ain't Big Enough For Both Of Us

Words & Music by Ronald Mael

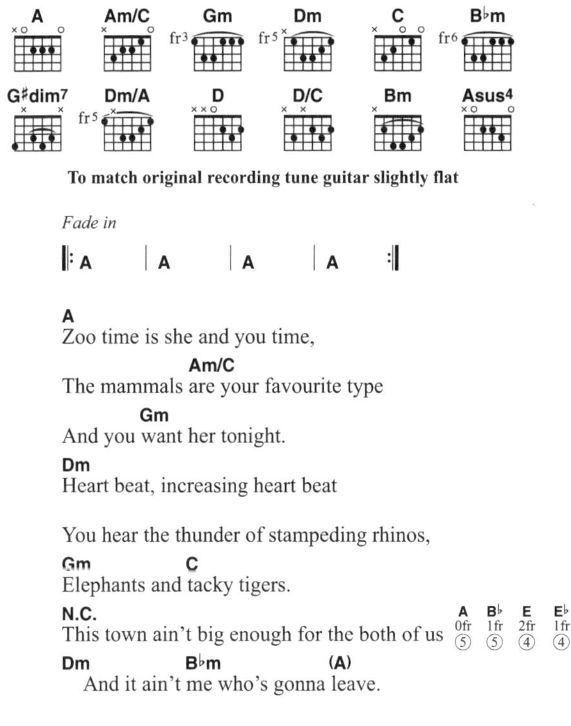

To match original recording tune guitar slightly flat

Fade in

Intro | : A | A | A | A : |

Verse 1

A
Zoo time is she and you time,
Am/C
The mammals are your favourite type
Gm
And you want her tonight.
Dm
Heart beat, increasing heart beat

You hear the thunder of stampeding rhinos,
Gm C
Elephants and tacky tigers.
N.C. A B♭ E E♭
This town ain't big enough for the both of us 0fr ⑤ 1fr ⑤ 2fr ④ 1fr ④
Dm B♭m (A)
And it ain't me who's gonna leave.

Link 1 | A | A | A | A | A | A ||

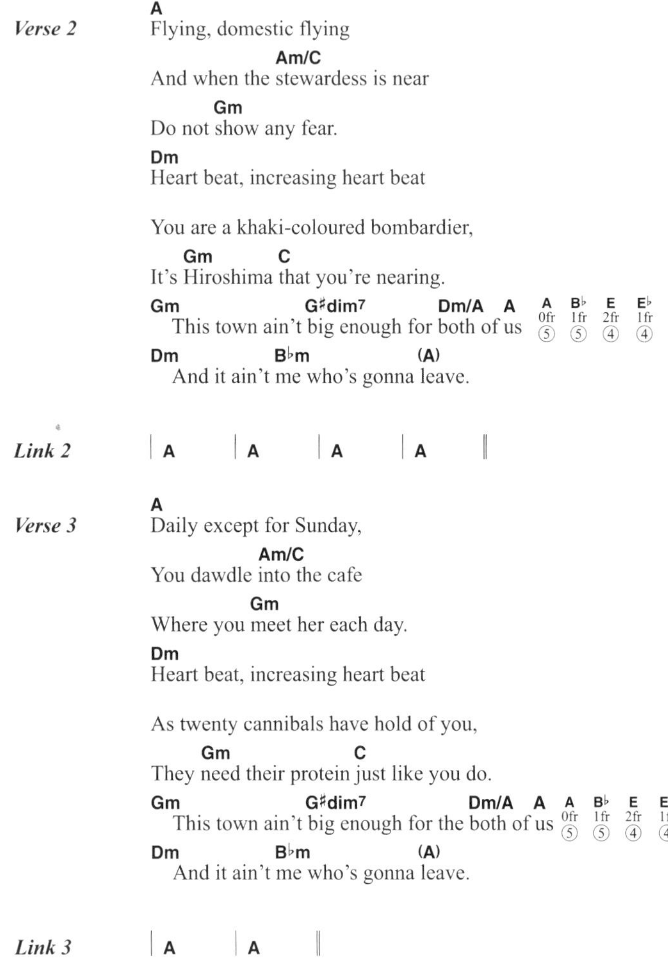

Verse 2

A
Flying, domestic flying
Am/C
And when the stewardess is near
Gm
Do not show any fear.
Dm
Heart beat, increasing heart beat

You are a khaki-coloured bombardier,
Gm C
It's Hiroshima that you're nearing.
Gm G♯dim7 Dm/A A
This town ain't big enough for both of us
A 0fr (5) B♭ 1fr (5) E 2fr (4) E♭ 1fr (4)
Dm B♭m (A)
And it ain't me who's gonna leave.

Link 2

| A | A | A | A ||

Verse 3

A
Daily except for Sunday,
Am/C
You dawdle into the cafe
Gm
Where you meet her each day.
Dm
Heart beat, increasing heart beat

As twenty cannibals have hold of you,
Gm C
They need their protein just like you do.
Gm G♯dim7 Dm/A A
This town ain't big enough for the both of us
A 0fr (5) B♭ 1fr (5) E 2fr (4) E♭ 1fr (4)
Dm B♭m (A)
And it ain't me who's gonna leave.

Link 3

| A | A ||

Instrumental | D | D/C | Bm | Asus4 A |
D	D/C	Bm	A
A	A	A	A
A	A	A	A	

Verse 4

A
Shower, another shower,
Am/C
You've got to look your best for her
Gm
And be clean everywhere.
Dm
Heart beat, increasing heart beat,

The rain is pouring on the foreign town,
Gm C
The bullets cannot cut you down.
Gm G♯dim7 Dm/A A
This town ain't big enough for the both of us
A (0fr ⑤) B♭ (1fr ⑤) E (2fr ④) E♭ (1fr ④)
Dm B♭m (A)
And it ain't me who's gonna leave.

Link 4 ||: A | A | A | A :|| *Play 3 times*

Verse 5

A
Census, the latest census,
Am/C
There'll be more girls who live in town,
Gm
Though not e - nough to go round.
Dm
Heart beat, increasing heart beat

You know that

This town isn't big enough, not big enough for the both of us,

This town isn't big enough, not big enough for the both of us,
D
I ain't gonna leave.

Talk Talk

Words & Music by Sean Bonniwell

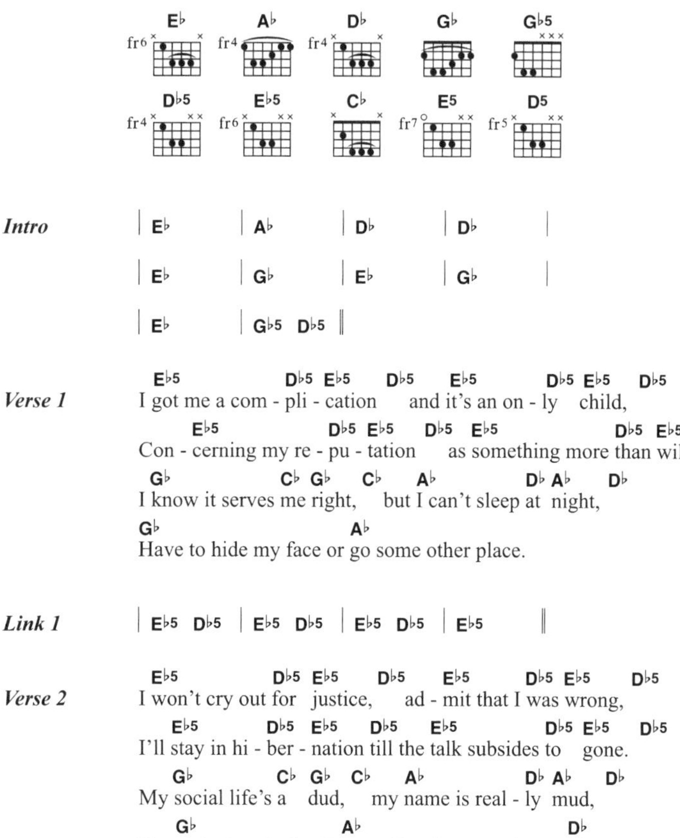


```
Intro      | E♭        | A♭        | D♭        | D♭        |

           | E♭        | G♭        | E♭        | G♭        |

           | E♭        | G♭5  D♭5  ‖


             E♭5                D♭5 E♭5     D♭5     E♭5          D♭5 E♭5   D♭5
Verse 1    I got me a com - pli - cation    and it's an on - ly   child,
                 E♭5                D♭5 E♭5     D♭5  E♭5                     D♭5 E♭5
           Con - cerning my re - pu - tation    as something more than wild.
             G♭                C♭ G♭      C♭       A♭               D♭ A♭     D♭
           I know it serves me right,    but I can't sleep at  night,
           G♭                           A♭
           Have to hide my face or go some other place.


Link 1     | E♭5  D♭5  | E♭5  D♭5  | E♭5  D♭5  | E♭5       ‖


             E♭5              D♭5 E♭5      D♭5       E♭5          D♭5 E♭5     D♭5
Verse 2    I won't cry out for   justice,     ad - mit that I was wrong,
                E♭5             D♭5 E♭5      D♭5       E♭5              D♭5 E♭5   D♭5
           I'll stay in hi - ber - nation till the talk subsides to    gone.
               G♭              C♭   G♭    C♭       A♭             D♭ A♭    D♭
           My social life's a    dud,     my name is real - ly  mud,
               G♭                     A♭                        D♭
           I'm up to here in lies, I guess I'm down to size, to size.
```

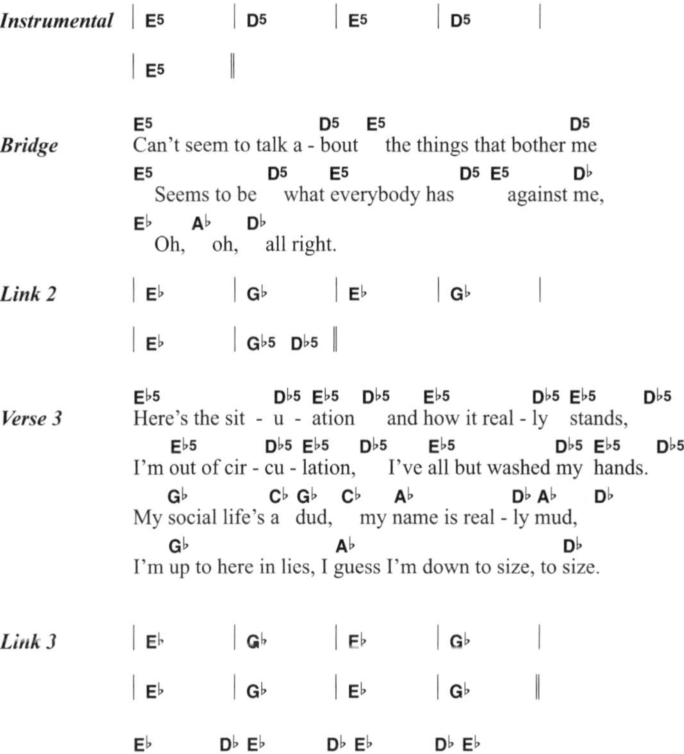

Instrumental
| E5 | D5 | E5 | D5 |
| E5 ||
Bridge
E5 D5 E5 D5
Can't seem to talk a - bout the things that bother me
E5 D5 E5 D5 E5 D♭
Seems to be what everybody has against me,
E♭ A♭ D♭
Oh, oh, all right.
Link 2
| E♭ | G♭ | E♭ | G♭ |
| E♭ | G♭5 D♭5 ||
Verse 3
E♭5 D♭5 E♭5 D♭5 E♭5 D♭5 E♭5 D♭5
Here's the sit - u - ation and how it real - ly stands,
E♭5 D♭5 E♭5 D♭5 E♭5 D♭5 E♭5 D♭5
I'm out of cir - cu - lation, I've all but washed my hands.
G♭ C♭ G♭ C♭ A♭ D♭ A♭ D♭
My social life's a dud, my name is real - ly mud,
G♭ A♭ D♭
I'm up to here in lies, I guess I'm down to size, to size.
Link 3
| E♭ | G♭ | E♭ | G♭ |
| E♭ | G♭ | E♭ | G♭ ||
Outro
E♭ D♭ E♭ D♭ E♭ D♭ E♭
Talk-talk, talk-talk, talk-talk, talk-talk.

Time Is On My Side

Words & Music by Norman Meade

B♭ (fr6)   Dm   G7   C   F   C (fr8)   C7 (fr8)

Intro | B♭ | Dm | G7 | C ||

Chorus 1

F   B♭   C*
Time is on my   side, yes it is.
F   B♭   C*
Time is on my   side, yes it is.

Verse 1

Dm   C   Dm   G7
   Now you always say   that you want to be free,
      C*   B♭
But you'll come runnin' back, said you would baby.
C*   B♭
You'll come runnin' back, like I told you so many times before.
C*   B♭   C*   C7
You'll come runnin' back to me.____

Chorus 2 As Chorus 1

Verse 2

Dm   C   Dm   G7
   You're searching for good times,   but just wait and see,
C*   B♭
You'll come runnin' back, I said you would darlin'.
C*   B♭
You'll come runnin back, spend the rest of my life with you bab
C*   B♭   C*   C7
You'll come runnin' back to me.____

```
              B♭
Bridge 1      Go ahead baby, go ahead,
              F
              Go ahead and light up the town.
              B♭                  F
              Baby, do anything your heart desires,

              Remember, I'll always be around.
              B♭                                                    Dm
                And I know, and I know, like I told you so many times before,

              You're gonna come back,
              G7
              Yeah, you're gonna come back baby,
                           C
              Knockin', yeah knockin' right on my door, yeah.


Chorus 3      As Chorus 1

              Dm              C      Dm              G7
Verse 3         'Cause I got the real love,   the kind that you need.
              C*         B♭
              You'll come runnin' back, I knew you would one day.
              C*         B♭
              You'll come runnin' back, I told you before.
              C*         B♭          C*
              You'll come runnin' back to me.____


                   F                     B♭        C*
Outro         Yeah, time, time, time is on my   side, yes it is.
                  F                     B♭        C*
              Said time, time, time is on my   side, yes it is.
                  F                     B♭    C  F
              Said time, time, time is on my   side.____
```

Tin Soldier

Words & Music by Steve Marriott & Ronnie Lane

E G D A C♯m F F♯m D/E C B Esus4

```
Intro         |: E    | G    | D  A  | E    :|  Play 4 times

              | E     | G    | D  A  ||


              E       G
Verse 1       I am a little tin soldier
                   D              A       E
              That wants to jump into your fire.
                        G
              You are a look in your eye,
                D              A          C♯m
              A dream passing by in the sky.


              D                   F
Pre-chorus 1     I don't under - stand
                        A                       F♯m
              And all I need is treat me like a man
                        D          A                  F♯m   D
              'Cause I ain't no child, take me like I am.


              E       D/E               E
Chorus 1      I got to know that I be - long to you,
                               D/E           E
              I'd do any - thing that you want to do.
                               D/E           E                  D     C   B
              I'd sing any song that you want me to sing to you.


Link          | E  G   | A  G   | E  G   | A  G   ||
```

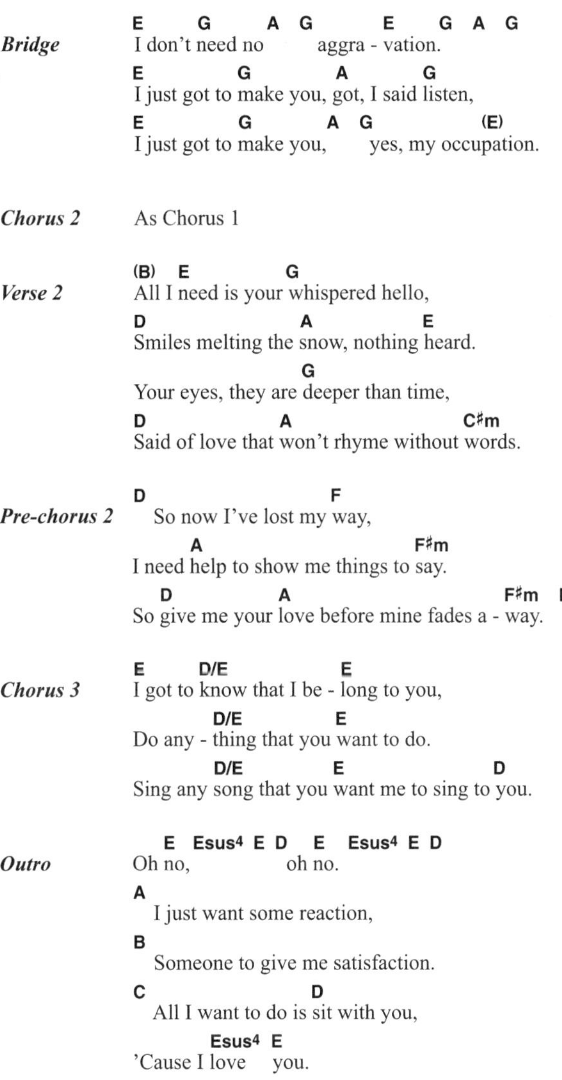

Bridge

E G A G E G A G
I don't need no aggra - vation.
E G A G
I just got to make you, got, I said listen,
E G A G (E)
I just got to make you, yes, my occupation.

Chorus 2

As Chorus 1

Verse 2

(B) E G
All I need is your whispered hello,
D A E
Smiles melting the snow, nothing heard.
G
Your eyes, they are deeper than time,
D A C♯m
Said of love that won't rhyme without words.

Pre-chorus 2

D F
So now I've lost my way,
A F♯m
I need help to show me things to say.
D A F♯m D
So give me your love before mine fades a - way.

Chorus 3

E D/E E
I got to know that I be - long to you,
D/E E
Do any - thing that you want to do.
D/E E D
Sing any song that you want me to sing to you.

Outro

E Esus4 E D E Esus4 E D
Oh no, oh no.
A
I just want some reaction,
B
Someone to give me satisfaction.
C D
All I want to do is sit with you,
Esus4 E
'Cause I love you.

Tush

Words & Music by Billy Gibbons, Dusty Hill & Frank Beard

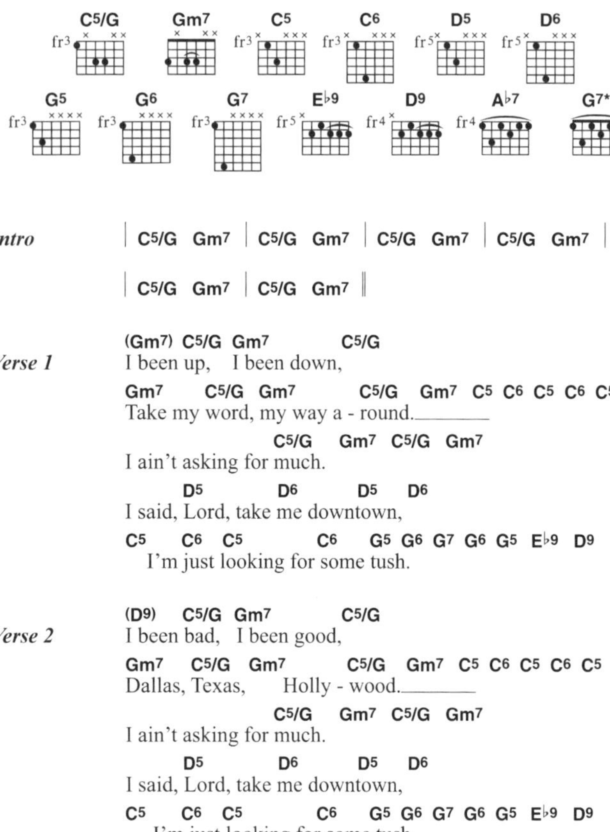

Intro

| C5/G Gm7 | C5/G Gm7 | C5/G Gm7 | C5/G Gm7 |

| C5/G Gm7 | C5/G Gm7 ||

Verse 1

(Gm7) C5/G Gm7 C5/G
I been up, I been down,
Gm7 C5/G Gm7 C5/G Gm7 C5 C6 C5 C6 C5
Take my word, my way a - round.
C5/G Gm7 C5/G Gm7
I ain't asking for much.
D5 D6 D5 D6
I said, Lord, take me downtown,
C5 C6 C5 C6 G5 G6 G7 G6 G5 E♭9 D9
I'm just looking for some tush.

Verse 2

(D9) C5/G Gm7 C5/G
I been bad, I been good,
Gm7 C5/G Gm7 C5/G Gm7 C5 C6 C5 C6 C5
Dallas, Texas, Holly - wood.
C5/G Gm7 C5/G Gm7
I ain't asking for much.
D5 D6 D5 D6
I said, Lord, take me downtown,
C5 C6 C5 C6 G5 G6 G7 G6 G5 E♭9 D9
I'm just looking for some tush.

Solo

G5	G5	G5	G5
C5	C5	G5	G5
D5	C5	G5	D5
G5	G5	G5	G5
C5	C5	G5	G5
D5	C5	G5	G5 E♭9 D9	

Verse 3

(D9) C5/G Gm7 C5/G
Take me back, way back home,
Gm7 C5/G Gm7 C5/G Gm7 C5 C6 C5 C6 C5
Not by my - self, not a - lone.________
C5/G Gm7 C5/G Gm7
I ain't asking for much.
D5 D6 D5 D6
I said, Lord, take me downtown,
C5 C6 C5 C6 G5 G6 G5 G6 N.C.(G5)
I'm just looking for some tush.

Outro

G5	G5	G5	G5
C5	C5	G5	G5
D5	C5	G5	G5 A♭7 G7*	

We Built This City

Words & Music by Dennis Lambert, Martin Page, Bernie Taupin & Peter Wolf

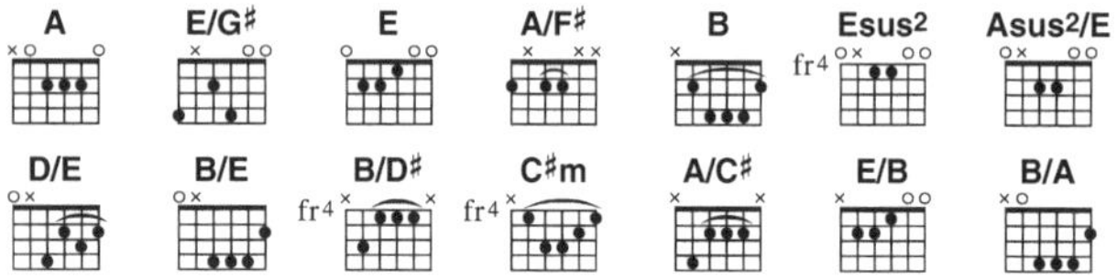

A E/G# E A/F# B Esus2 Asus2/E

D/E B/E B/D# C#m A/C# E/B B/A

Capo first fret

```
*Intro*        A                   E/G#               E    A/F# E/G#
               We built this city, we built this city on rock and  roll.
               A                   E/G#                          A
               We built this city, we built this city on rock and roll.__

*Link 1*       |: E    A    | E/G#  A/F# | E    A    | B    E    :|

*Verse 1*      Esus2                            Asus2/E
               Say you don't know me or recognise my face,
               D/E                       B/E     E
               Say you don't care who goes to that kind of place.
               Esus2                         Asus2/E
               Knee deep in the hoopla, sinking in your fight,
               D/E         B/E          E
               Too many runaways    eating up the night.

*Pre-chorus 1* B/D#      C#m              A/C#      E/B               B
                  Mar - coni plays the mamba, listen to the radi - o,
                                E        A
               Don't you re - mem - ber,
                  E          A   E/G#  A/F#     E          A       E    B/D#  C#m
               We built this city,           we built this city on rock and   roll.

*Chorus 1*        A                   E/G#               E    A/F# E/G#
               We built this city, we built this city on rock and  roll.
                  A                   E/G#               B    E/G# A
               We built this city, we built this city on rock and  roll.
```

Link 2 | E A | E/G♯ A/F♯ | E A | B E ‖

Verse 2

Esus2 Asus2/E
Someone always playing corporation games,
D/E B/E E
Who cares they're always changing corporation names.
Esus2 Asus2/E
We just want to dance here, someone stole the stage,
D/E B/E E
They call us irre - sponsible, write us off the page.

Pre-chorus 2 As Pre-chorus 1

Chorus 2 As Chorus 1

Link 3 | A | B/A | A | A ‖

Bridge 1

(A) E/G♯ E A
It's just an - other Sunday
B/D♯ E E/G♯ E A
In a tired old street,
B/D♯ E E/G♯ E
Po - lice have got the choke hold,
A B/D♯ E E/G♯ E A B/D♯ E
Oh,__________ then we just lost the beat.

Verse 3

Esus2 Asus2/E
Who counts the money underneath the bar,
D/E B/E E
Who rides the wrecking ball in two rock guitars?
Esus2 Asus2/E
Don't tell us you need us, 'cause we're the ship of fools,
D/E B/E E B/D♯
Looking for A - merica coming through your schools.

```
Interlude      | C♯m      | A/C♯     | E/B      | B        |

               (B)         E     A        E       A       E/G♯  A/F♯
               Don't you re - mem - ber? Re - member, 'member.

               | E   A  | B   E  ||


                  C♯m              A/C♯   E/B              B
Pre-chorus 3   Mar - coni plays the mamba, listen to the radi - o,
                           E     A
               Don't you re - mem - ber
                  E        A  E/G♯ A/F♯   E        A       E   B/D♯ C♯m
               We built this city,        we built this city on rock and roll.

                  A                 E/G♯              E    A/F♯ E/G♯
Outro          We built this city, we built this city on rock and  roll.
                  A                 E/G♯              A/F♯ E/G♯ E
               We built this city, we built this city on rock and  roll.
               A                 E/G♯              E    A/F♯ E/G♯
               Built this city, we built this city on rock and  roll.
                  A                 E/G♯              B    E/G♯ A
               We built this city, we built this city on rock and  roll.
```

Wooden Ships

Words & Music by David Crosby, Stephen Stills & Paul Kantner

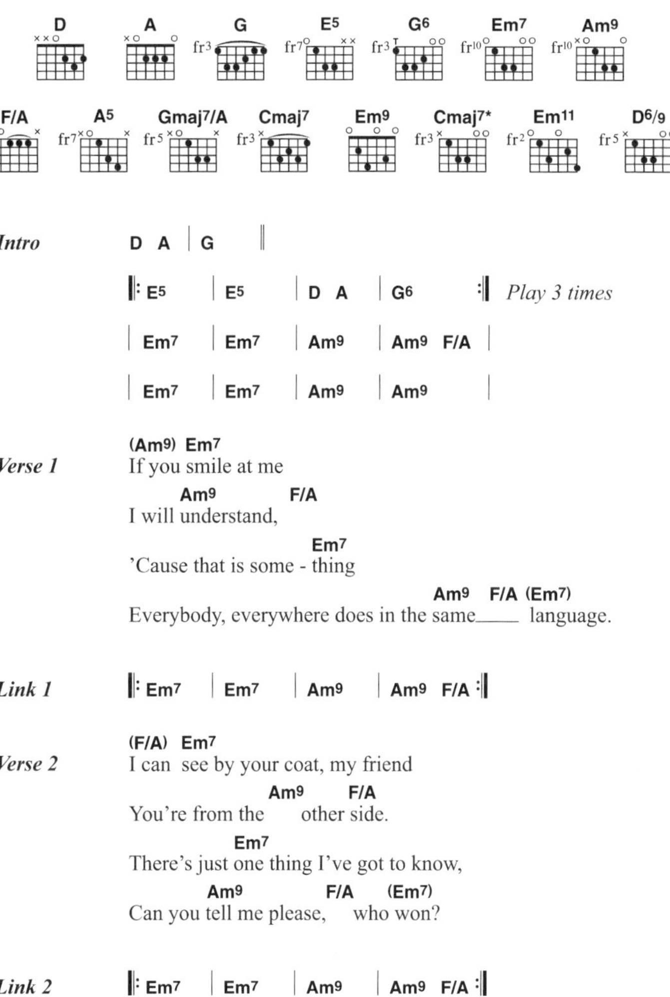

Intro

| D A | G ||

|: E5 | E5 | D A | G6 :| *Play 3 times*

| Em7 | Em7 | Am9 | Am9 F/A |

| Em7 | Em7 | Am9 | Am9 |

Verse 1

(Am9) Em7
If you smile at me
Am9 F/A
I will understand,
Em7
'Cause that is some - thing
Am9 F/A (Em7)
Everybody, everywhere does in the same____ language.

Link 1

|: Em7 | Em7 | Am9 | Am9 F/A :|

Verse 2

(F/A) Em7
I can see by your coat, my friend
Am9 F/A
You're from the other side.
Em7
There's just one thing I've got to know,
Am9 F/A (Em7)
Can you tell me please, who won?

Link 2

|: Em7 | Em7 | Am9 | Am9 F/A :|

Verse 3

Em7
Say, can I have some of your purple berries?
Am9 F/A Em7
Yes, I've been eating them for six or seven weeks now.
Am9 F/A
Haven't got sick once,
Em7 Am9 F/A
Probably keep us both alive.

Chorus 1

D A G E5 A5 Gmaj7/A
Wooden ships on the water, very free and easy,
E5 A5 Gmaj7/A
Easy, you know the way it's sup - posed to be.
E5 A5 Gmaj7/A
Silver people on the shoreline let us be,
Cmaj7 (Em9)
Talking 'bout very free and easy.

Solo 1

Em9	Em9	Cmaj7*	Cmaj7*
Em9	Em9	Cmaj7*	Cmaj7*
Em11	Em11	Cmaj7*	Cmaj7*
D6/9	D6/9	

Chorus 2

E5 A5 Gmaj7/A
Horror grips us as we watch you die,
E5 A5 Gmaj7/A
All we can do is echo your anguished cries.
E5 A5 Gmaj7/A
Stare as all human feelings die,
Cmaj7 (Em9)
We are leaving, you don't need us.

Solo 2

Em9	Em9	Cmaj7*	Cmaj7*
Em11	Em11	Cmaj7*	Cmaj7*
Em11	Em11	Cmaj7*	Cmaj7*
D6/9	D6/9	

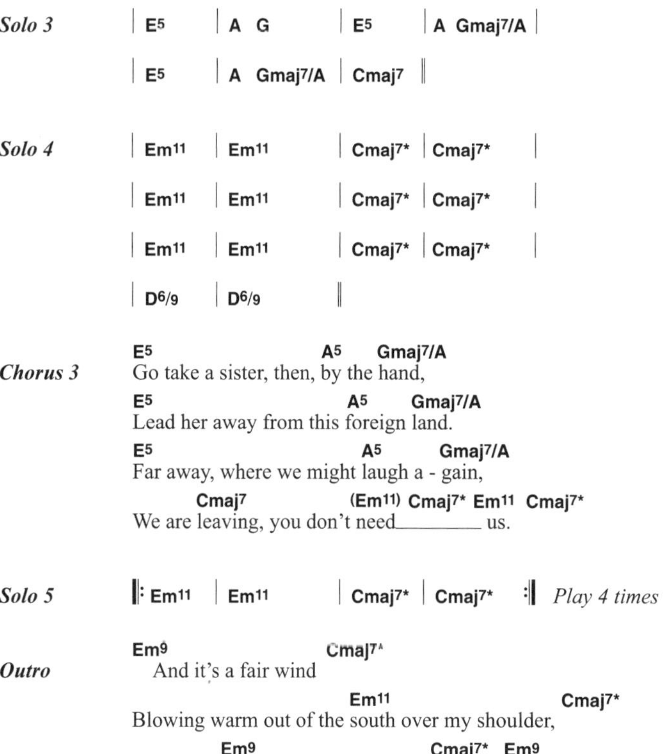
Solo 3
| E5 | A G | E5 | A Gmaj7/A |
| E5 | A Gmaj7/A | Cmaj7 ||
Solo 4
Em11	Em11	Cmaj7*	Cmaj7*
Em11	Em11	Cmaj7*	Cmaj7*
Em11	Em11	Cmaj7*	Cmaj7*
D6/9	D6/9	
Chorus 3
E5 A5 Gmaj7/A
Go take a sister, then, by the hand,
E5 A5 Gmaj7/A
Lead her away from this foreign land.
E5 A5 Gmaj7/A
Far away, where we might laugh a - gain,
Cmaj7 (Em11) Cmaj7* Em11 Cmaj7*
We are leaving, you don't need________ us.
Solo 5
: Em11	Em11	Cmaj7*	Cmaj7* :| Play 4 times
Outro
Em9 Cmaj7*
And it's a fair wind
Em11 Cmaj7*
Blowing warm out of the south over my shoulder,
Em9 Cmaj7* Em9
Guess I'll set a course and go.

Well All Right

Words & Music by Buddy Holly, Norman Petty, Jerry Allison & Joe Mauldin

Dm Gm/D D C A G

Intro |: Dm Gm/D | Dm | Dm Gm/D | Dm :|

Verse 1
```
N.C.      D         C              D
Well all right, so I've been foolish,
                    A       D
Well all right, let people know
                           C               D
'Bout the dreams and wishes that you dream
                    A          D
In the night when lights are low.
```

Chorus 1
```
D         G                 A
Well all right, well all right,
                    D           C            D
You know we'll    live and love with all our might.
          G                 A
Well all right, well all right,
                D             C          D
You know our    lifetime love will be all right.
```

Instrumental 1 |: D C | D | D A | D :|

Verse 2
```
D                   C         D
Well all right, so I'm not working,
                    A       D
Well all right, let people say
                      C              D
That those foolish kids can't be ready
                   A           D
For the love that comes their way.
```

Chorus 2 As Chorus 1

Instrumental 2 ||: D C | D | D A | D :||

Verse 3 As Verse 1

Chorus 3 As Chorus 1

Instrumental 3 ||: D C | D | D A | D :||

| Dm | Dm ||

||: Dm Gm/D | Dm | Dm Gm/D | Dm :||

Outro ||: Dm | Dm | Dm | Dm :||

Play 8 times to fade

Who Loves The Sun

Words & Music by Lou Reed

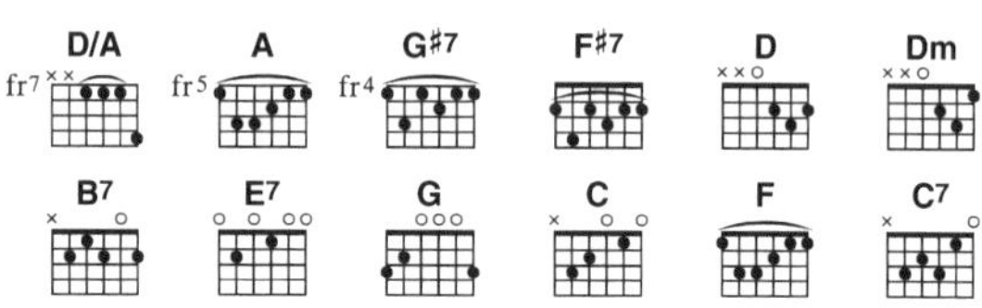

Intro | D/A |

Verse 1

A   G♯7
Who loves the sun,
A   F♯7
Who cares that it makes plants grow,
D   Dm
Who cares what it does
            A
Since you broke my heart?

Verse 2

A   G♯7
Who loves the wind,
A   F♯7
Who cares that it makes breezes,
D   Dm
Who cares what it does
            A
Since you broke my heart?

Chorus 1

A   B7   E7   A
Ba-ba-ba - ba, who loves the sun?
             B7   E7   A
Ba-ba-ba - ba, who loves the sun?
             B7   E7   A
Ba-ba-ba - ba, not every - one.
             B7   D   A
Ba-ba-ba - ba, who loves the sun?

Verse 3

A G♯7
Who loves the rain,
A F♯7
Who cares that it makes flowers,
D Dm
Who cares that it makes showers
A
Since you broke my heart?

Verse 4

A G♯7
Who loves the sun,
A F♯7
Who cares that it is shining,
D Dm
Who cares what it does
A
Since you broke my heart?

Chorus 2

A B7 E7 A
Ba-ba-ba - ba, who loves the sun?
B7 E7 A
Ba-ba-ba - ba, who loves the sun?
B7 E7 A
Ba-ba-ba - ba, not every - one.
B7 E7 D G C F
Ba-ba-ba - ba, who loves the sun,______
D G C7 F E7 A
Sun?___

Chorus 3

N.C. B7 E7 A
Ba-ba-ba - ba, who loves the sun?
B7 E7 A
Ba-ba-ba - ba, who loves the sun?
B7 E7 A
Ba-ba-ba - ba, not just any - one.
B7 E7 A
Ba-ba-ba - ba, who loves the sun?
B7 E7 A
Ba-ba-ba - ba, who loves the sun?
B7 E7 A
Ba-ba-ba - ba, who loves the sun? *Fade*

You Never Can Tell

Words & Music by Chuck Berry

C* (fr10) | A♭7/C (fr10) | G7/B (fr9) | C** (fr8) | G7 (fr3) | C (fr3)

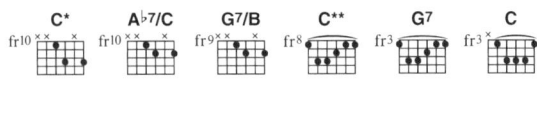

Intro | C* A♭7/C G7/B | C** G7 |

Verse 1

```
(G7)    C
It was a teenage wedding and the old folks wished them well,
                                                      G7
You could see that Pierre did truly love the mademoi - selle.

And now the young monsieur and madame have rung the chapel bell,
                                                              C     G7
"C'est la vie." say the old folks, it goes to show you never can tell.
```

Verse 2

```
G7                  C
They furnished off an apartment with a two room Roebuck sale,
                                                         G7
The coolerator was crammed with TV dinners and ginger ale.

But when Pierre found work, the little money coming worked out well,
                                                              C     G7
"C'est la vie." say the old folks, it goes to show you never can tell.
```

Verse 3

```
G7            C
They had a hi-fi phono, boy, did they let it blast,
                                                   G7
Seven hundred little records, all rock, rhythm and jazz.

But when the sun went down, the rapid tempo of the music fell,
                                                              C     G7
"C'est la vie." say the old folks, it goes to show you never can tell.
```

G7 C
4 They bought a souped-up jitney, 'twas a cherry red 'fifty-three,
G7
And drove it down to Orleans to celebrate their anniversa - ry.

It was there where Pierre was wedded to the lovely mademoiselle,
C G7
"C'est la vie." say the old folks, it goes to show you never can tell.

mental | C | C | C | C |

| C | C | G7 | G7 |

| G7 | G7 | G7 | G7 |

| G7 | G7 | C | G7 ||

G7 C
5 They had a teenage wedding and the old folks wished them well,
G7
You could see that Pierre did truly love the mademoi - selle.

And now the young monsieur and madame have rung the chapel bell,
C G7
"C'est la vie." say the old folks, it goes to show you never can tell.

o | C | C | C | C |

| C | C | G7 | G7 || *Fade*